Wolfgang Dähnhard

Weinwanderungen in Niederösterreich

Wolfgang Dähnhard

Weinwanderungen in Niederösterreich

Wachau · Kremstal · Kamptal · Traisental · Donauland

NP

BUCHVERLAG

Die Deutsche Bibliothek - CIP-Einheitsaufnahme

Dähnhard, Wolfgang:
Weinwanderungen in Niederösterreich : Wachau, Kremstal, Kamptal, Traisental, Donauland / Wolfgang Dähnhard. - St. Pölten ; Wien ; Linz :
NP-Buchverl., 2000
ISBN 3-85326-127-2

Wir danken der Österreichischen Weinmarketing Serviceges.m.b.H. für die freundliche Unterstützung.

NP BUCHVERLAG
Niederösterreichisches Pressehaus
St. Pölten - Wien - Linz

Fotos: © Esta Grafik 10, 22, 35, 44, 47, 49, 59, 68; Österreichische Weinmarketing Serviceges.m.b.H./Kessler 57, 121, 126; Archiv Kulturpark Kamptal 129; Schloß Gobelsburg 119; Walter Smekal 67; sämtliche anderen Fotos Wolfgang Dähnhard

Karten © *arbeitsgemeinschaft* **kartographie**
A-3151 St. Georgen am Steinfelde, Hummelbergstraße 3

Riedeneintragungen © Österreichische Weinmarketing Serviceges.m.b.H.
A-1040 Wien, Prinz-Eugen-Straße 34/7

Umschlaggestaltung: Kurt Hamtil
Gesamtherstellung: Niederösterreichisches Pressehaus
Druck- und Verlagsgesellschaft mbH
A-3100 St. Pölten, Gutenbergstraße 12

Inhalt

Vorwort

Dieses Buch stellt die interessantesten Weinrouten und besten Weingüter der Weinbaugebiete Wachau, Kremstal, Kamptal, Traisental und Donauland vor. Große Weine werden hauptsächlich dort produziert, wo das Wissen, die Erfahrung der Winzer und die natürlichen Voraussetzungen zu einer optimalen Einheit finden und damit Qualitätstandards setzen. Mit dem Auge des Naturbetrachters gesehen, sind auch Weingärten dort am schönsten, wo auf Qualität geachtet wird.

Anhand der Karten sind die Rieden schnell auffindbar, dem Wanderer bieten sie Orientierungshilfe. Der kulinarische Genießer findet Orte, an denen er sich wohl fühlt: sei es beim einfachen Heurigen, sei es im gediegenen Restaurant oder beim Winzer. Viele kulturelle Tips vervollständigen den hohen Nutzwert dieses Buches.

Einige Anmerkungen zur Benützung:

- Die Anreiserouten zu unseren Zielen sind so beschrieben, wie wir sie wählen würden; gleichzeitig sind sie auch Anregungen, um die Weinbaugebiete selbst zu entdecken.
- Die Auswahl der Restaurants und Übernachtungsmöglichkeiten ist subjektiv und erhebt keinen Anspruch auf Vollständigkeit.
- Wenn bei der Beschreibung eines Weinguts ein Heuriger erwähnt wird, werden üblicherweise (fast) alle Bouteillenweine glasweise ausgeschenkt.
- Öffnungszeiten und Ruhetage wechseln oft; ein kurzer Anruf hilft weiter.
- Die Weinbauregionen sind beliebte Ausflugsziele; frühzeitige Reservierung von Zimmern und Restaurants ist ratsam.
- Im Winter sind einige Betriebe und Museen geschlossen; auch hier hilft ein kurzer Anruf.

Wien, im März 2000 — Wolfgang Dähnhard

Zeichenerklärung Riedenkarten

Schnellstraße	Kirche, Kapelle
Bundesstraße	Wegkreuz, Marterl/Bildstock
Hauptstraße	Ruine, Schloß
Sonstige Straße	Denkmal
Fahrweg/Feldweg	Bebauung
Fußweg	Wald
Eisenbahn	Weinanbaufläche
Gewässer	beschriebene Weinwanderung

Weinland Niederösterreich

Blick auf die Kirche und Ruine von Dürnstein

Österreich ist für seine Musik, den Apfelstrudel, das Wiener Schnitzel, die Oper und die Psychoanalyse bekannt. Als Weinland, mit zumeist wunderschönen Landschaften, wurde es erst in den letzten 15 Jahren entdeckt. Die Österreicher selbst behandeln den Wein wie das Leben: sie reden viel darüber, aber sie nehmen ihn nicht ernst. Wer in Österreich ein Weingut mit höchster Reputation besucht, findet üblicherweise keine von Alleebäumen gesäumte, mit Kies bestreute Einfahrt, kein Schloß wie in Bordeaux, keine Villa wie in der Toskana, keinen Ansitz wie in Südtirol, keine riesigen High-Tech-Anlagen wie in Kalifornien. Man betritt vielleicht ein Haus aus der Renaissancezeit in der Wachau, ein anderes mit einer liebevoll gepflegten Barockfassade oder einen kleinadeligen Landsitz und gelegentlich einen alten Bauernhof, oft einen Zweckbau der sechziger Jahre, erst jüngst um einen Verkostungsraum erweitert. Der Gast wird in einem bäuerlichen Familienbetrieb empfangen, der sich erst vor Jahrzehnten, oft erst vor Jahren von einer gemischten Landwirtschaft auf den Weinbau spezialisiert hat. Aber auch das trifft nicht immer zu.

Im Jahre 1922 wurde Niederösterreich von Wien getrennt und in vier Viertel geteilt: das Industrieviertel südlich von Wien, wegen der warmen Quellen in Baden und Bad Vöslau auch Thermenregion oder einfach wegen der durchführenden Bahnlinie im Volksmund „Südbahn“ genannt; das Mostviertel im Alpenvorland, und in das nördlich der Donau gelegene Weinviertel und das Waldviertel.

Niederösterreich ging ursprünglich aus einer Grenzmark Bayerns hervor, die 976 den Babenbergern verliehen und 996 erstmals mit dem Namen „Ostarrichi“ erwähnt wurde. Im 12. Jahrhundert wurden Klöster der Benediktiner (Melk, Göttweig, Seitenstetten und Altenburg), der Augustiner-Chorherren (Klosterneuburg, St. Pölten, Herzogenburg, Dürnstein), der Zisterzienser (Heiligenkreuz, Zwettl, Lilienfeld) und der Prämonstratenser (Gars) gegründet.

Die niederösterreichischen Weinbaugebiete

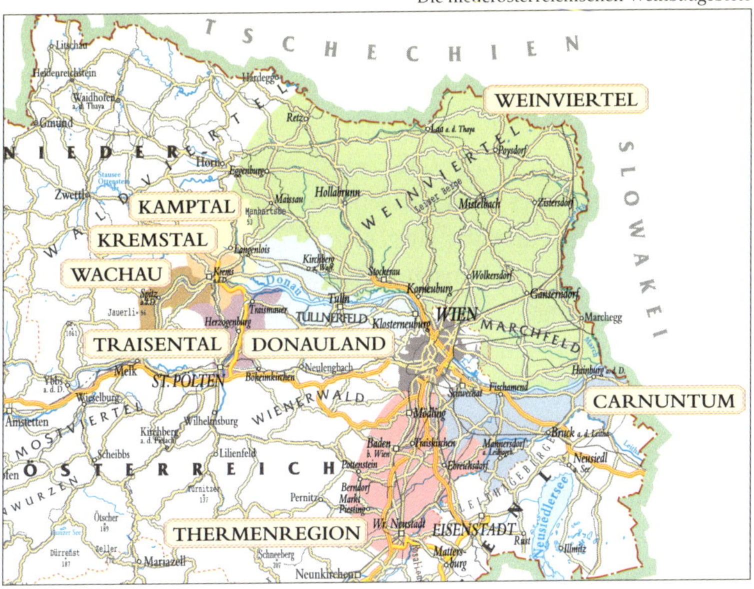

Die Klöster waren nicht nur Orte des Gebets und der Wissenschaft - Mönche und Klosterschwestern begründeten auch die Basis der heutigen Weinqualität und errichteten z. B. die ersten Steinterrassen in der Wachau. Im 16. Jahrhundert, als die benachbarten Magyaren unter die türkische Herrschaft gerieten und als Konkurrenten ausschieden, baute man so viel Wein in Österreich an, daß die bepflanzte Fläche zehnmal so groß war wie heute! Aufgelassene Terrassen in der Wachau zeugen noch von dieser Zeit. Viel Wein kam damals auch aus Oberösterreich, wo es aus klimatischen Gründen heute fast keinen Weinbau mehr gibt.
In Österreich werden großartige Weine erzeugt, ermöglicht durch die spezifischen Böden, das Klima - und die innovativen Winzer. Grundlage für den hervorragenden Wein ist das historisch gewachsene, breitgefächerte Sortenspektrum von Weißweinen, die, überwiegend sorten- und oft auch lagenrein (riedenrein), großteils trocken vinifiziert werden (höchstens 1 bis 4 Gramm natürlicher Restzucker). Die besten verfügen über eine ausgeprägte, reife Weinsäurestruktur, was der Betonung der Frucht und der Bekömmlichkeit zugute kommt. Eine solche Art von Weinen wird und kann kaum in einem anderen Weinbauland der Welt erzielt werden.
Ein weiterer Vorteil österreichischer Spitzenqualitäten im weißen, trockenen Bereich ist der, daß sich diese Weine aufgrund ihrer Harmonie besonders gut als Essensbegleiter eignen. Weil speziell Weißweine meist reinsortig ausgebaut werden, sind auch die Weinkarten vieler Restaurants nach Rebsorten geordnet.
Vor allem der junge Wein mundet den Österreichern. Zu Martini, am 11. November, finden die traditionellen Weintaufen statt. Beliebt ist auch der noch gärende Wein, der „Sturm“, der je nach Gärungszustand ein mitunter leicht prickelndes Gefühl am Gaumen erzeugt und ab September ausgeschenkt wird.
Niederösterreich hat als Bundesland mit den Weinbaugebieten Wachau, Kamptal, Kremstal, Donauland, Traisental, Weinviertel, Carnuntum und Thermenregion die größten Rebflächen.

Das Österreichische Weingesetz

Weinbau ist in Österreich Landessache. Das heißt, daß Rebkulturen, Rebflächen, Rebsorten usw. per Landesgesetz festgelegt und klassifiziert sind. Heute gibt es in den Bundesländern - de facto die Weinbauregionen - Wien, Niederösterreich, Burgenland und Steiermark insgesamt 16 gesetzlich definierte Weinbaugebiete.
Mit dem österreichischen Weingesetz von 1985 und den folgenden Novellen sind Richtlinien für heimische Weine vorgegeben; welcher Kategorie diese entsprechen, muß auf dem Etikett aufscheinen. Qualitäts-, Kabinett- und Prädikatsweine (1) mit Jahrgangs- (2) bzw.

Sortenbezeichnung (3) müssen zumindest zu 85 Prozent aus dem genannten Jahrgang und aus der genannten Sorte stammen. Die Angabe der Rebsorte für Spätlesen und Auslesen ist zwingend, ebenso des Jahrgangs von Spätlese aufwärts, die üblicherweise auch bei Qualitäts- und Kabinettweinen angeführt wird. Außerdem muß auf jedem Etikett der Gehalt an unvergorenem Zucker im Wein deutlich gemacht werden (4).

Wein mit der Bezeichnung „Österreich“, „Österreichischer Wein“ oder „Wein aus Österreich“ darf nur ausschließlich aus österreichischen Trauben erzeugt werden. Jede nähere Herkunftsbezeichnung, wie die Weinbauregion, das Weinbaugebiet, die Großlage, Gemeinde, Ried (5), muß ebenfalls 100%ig stimmen. Weiters müssen auf dem Etikett Name und Standort des Erzeugers, Abfüllers oder Verkäufers aufscheinen sowie das Nennvolumen der Flasche.
Alle Weine werden, ähnlich wie in Deutschland, aufgrund der Zuckergradation der Trauben in Qualitätsstufen kategorisiert: Tafelwein - Landwein - Qualitätswein - Kabinett - Prädikatsweine (Spätlese - Auslese - Beerenauslese - Ausbruch - Trockenbeerenauslese - Eiswein).

Vom richtigen Weineinkauf

Wein ist ein sensibles Produkt, das sich bei unsachgemäßer Lagerung nachteilig verändern kann. Einkauf und Transport sind nicht nur Vertrauenssache. Wer einige Grundregeln beachtet, wird kaum die „Katze im Sack“ erstehen. Am besten werden Flaschen im Dunkeln, bei gleichmäßig kühler Temperatur und ausreichender Feuchtigkeit gelagert. Verbunden mit dem Einkaufserlebnis mit Verkostung und eventueller Besichtigung des Kellers, ist der Ab-Hof-Verkauf die bei weitem beliebteste Möglichkeit in Österreich, sich einen Weinvorrat anzulegen. Viele Konsumenten schätzen auch das Wissen um die genaue Herkunft, die Landschaft und die Persönlichkeit des Weinbauern. Nicht vergessen sollte man, sich rechtzeitig telefonisch anzumelden und verstehen, daß Winzer nicht unbeschränkt Zeit haben oder immer anwesend sind; üblicherweise können auch Weine, die nicht mehr im Verkauf sind, nicht probiert werden.
Nach dem Weinkauf sollte man den soeben erstandenen edlen Wein auch richtig behandeln und ihn nicht im Auto bei sehr hohen oder sehr niedrigen Temperaturen länger liegen lassen. Am besten, man

läßt sein Weinkontingent beim Weinbauern und holt es kurz vor der Heimreise ab. Nach einer längeren Fahrt braucht der Wein eine gewisse Erholungsphase, die je nach Sorte und Alter bis zu vier Wochen dauern kann.
Die Ab-Hof-Preise für trockene Weißweine und Rotweine sind weitgehend angemessen. Spitzenweine kosten meist zwischen 140,- ATS (10,17 €) und 250,- ATS (18,16 €). Wer nicht nur an den sogenannten Kultweinen interessiert ist, findet ausgezeichnete Qualität bereits unter 100,- ATS (7,26 €); die einfacheren Weine der Topwinzer kosten normalerweise um die 70,- ATS (5,08 €).
Bei den in diesem Buch angeführten Betrieben wurde die Mitgliedschaft bei einer oder mehrerer der zahlreichen Marken- und Interessengemeinschaften - außer es wurde wegen der Bezeichnung der Weine darauf hingewiesen - nicht angegeben. Der wesentliche Grund liegt darin, daß selbst zu denjenigen Vereinigungen, denen Spitzenwinzer angehören, auch andere Betriebe zählen, die wir nicht empfehlen, oder umgekehrt, renommierte Weingüter bei solchen nicht Mitglieder sind. Das bedeutet auch, daß das Logo einer Gemeinschaft auf dem Etikett allein noch nichts über den Wein in der Flasche aussagt. Ein weiterer Grund ist der, daß immer wieder neue Vereinigungen entstehen, während andere ihre Aktivitäten ruhen lassen. Selbst profunden Kennern der österreichischen Weinszene gelingt es kaum, den Überblick zu bewahren.

Heuriger und Buschenschank

Kaiserin Maria Theresia befreite 1780 den Adel und den höheren Klerus von der „Tranksteuer“ und legte statt dessen neue Steuern auf den größeren Teil der Bevölkerung, der keine Privilegien hatte. Die Winzer durften ihre Eigenbauweine ohne Steuerabzug und auch gewisse Speisen in ihren Weinstuben verkaufen.
Der „Heurige“ ist in die österreichische Geschichte eingegangen.

Jeder Österreicher, so kann man glauben, hat seinen „eigenen Stammheurigen“: einen Platz, wo man ihn kennt und wo man den „heurigen“ Wein ausschenkt.

Der „Heurige“ ist einerseits der Wein des jeweiligen jungen Jahrgangs, der ab 11. November nach der Lese ausgeschenkt werden darf, andererseits bezeichnet Heuriger auch das Lokal, wo dieser Wein getrunken wird. Mit „die Heurigen“ in der Mehrzahl sind allerdings Frühkartoffeln gemeint, was mitunter für Verwirrung bei denjenigen sorgt, die diesen spezifischen österreichischen Ausdruck nicht kennen.

Typischer strohgeflochtener Heurigenwegweiser, der die Sonne symbolisiert

Heurige und Buschenschenken gibt es in allen Weinbauregionen im Osten und Südosten Österreichs, in den Bundesländern Wien, Niederösterreich, Burgenland und Steiermark. Die betreffenden gesetzlichen Bestimmungen variieren von Bundesland zu Bundesland leicht; Hauptsache bleibt aber, daß ausschließlich selbstgefechster Wein ausgeschenkt werden darf, der aus dem Gebiet der jeweiligen Gemeinde bzw. aus einem Umkreis von 10 Kilometern stammt. Als Zeichen für die echten Buschenschenken - und daher kommt der Name - gilt der am Eingang ausgehängte Buschen, der signalisiert, daß nur selbsterzeugter Wein angeboten wird. Ein wichtiger Bestand-

teil einer Buschenschank ist der Garten, oft mit Blick in die Weingärten oder mit schattigen Lauben, wo es gerade die Städter hinzieht, die ein paar Stunden im Grünen verbringen wollen. Für Kinder steht fast überall ein Spielplatz zum Austoben zur Verfügung. Bei fast allen Buschenschenken kann man Wein zum Mitnehmen kaufen, bei einigen auch andere Produkte aus eigener Landwirtschaft, wie Kernöl, Honig, Marmeladen, Fruchtsäfte, Eier, Würste und selbstgebrannte Schnäpse.
Als Orientierungshilfe gibt es in den meisten Orten am Hauptplatz einen unübersehbar angebrachten Wegweiser zu den Heurigen, die gerade geöffnet haben.

Weinfeste in Niederösterreich

Groß ist die Anzahl der Weinfeste in Niederösterreich. Sie sind ein wahrer Anziehungspunkt, um bei einem Glas Wein fröhlich zusammenzusitzen und miteinander zu plaudern. Einige haben wir ausgesucht, damit Sie Ihre Ausflüge auch gut planen können. Die angegebenen Daten verschieben sich jedes Jahr geringfügig, so daß ein Anruf bei den örtlichen Tourismusinformationsstellen lohnt. Viele Orte legen auch einen Heurigenkalender auf, der alljährlich auf den letzten Stand gebracht wird.
Über das Internet kann man ebenfalls fündig werden. Neuerdings gibt es unter www.heurigenkalender.at ein Verzeichnis, das nach Weinbauregionen abrufbar ist und die offenen Heurigen auflistet, die sich hier haben eintragen lassen. Die Dauer der Weinfeste erstreckt sich von einem Wochenende bis zu zwei Wochen.

Ende Juni	Weinfest in Gumpoldskirchen/Neustiftgasse
Erste Julihälfte	Weinfest in Traiskirchen/Stadtpark
Ab dem 15. August	Von Montag bis Freitag Kirtag in Neustift am Walde (Wien)

Zweite Augusthälfte	Augustini-Weinfest und Weinkost in der Burg Perchtoldsdorf
Ende August/Anfang September	Weinfest in Gumpoldskirchen/ Wiener Straße
Anfang September	Beginn der Traubenkurwochen in Baden bei Wien bis Ende Oktober
Mitte September	Haugsdorfer Hüatagang
November	verschiedene Weintaufen Weinköniginnen / -prinzessinnen
11. November	Der Heurige ist da! Martinigansl-Essen
11.-15. November	Fasslrutschen im Stift Klosterneuburg - wo man auf dem Hosenboden über ein großes Faß herunterrutschen kann

Den ganzen Sommer und Herbst über gibt es in den Weinbaugebieten die verschiedensten Kellergassen- und Erntedankfeste.

Bildstöcke - Wegweiser der Frömmigkeit

Ried Klaus - berühmt für große Rieslinge

In fast allen österreichischen Weingärten sieht man Bildstöcke und Marterln in ihren unterschiedlichsten Formen. Sie sind als Zeichen der Volksfrömmigkeit und als zu „Stein gewordene Gebete" für Verunglückte entstanden. Wegscheiden und Kreuzungen waren schon bei den Römern geheiligte Orte und wurden oft mit kleinen Sanktuarien geschmückt.

Im späteren Volksglauben galten Kreuzungspunkte als Versammlungsorte von Hexen oder als Stellen, an denen man unter gewissen Umständen mit dem Teufel verkehren konnte. Die weiße Farbe des Bildstocks hat in diesem Fall eine wesentliche Bedeutung: sie soll Hexen und andere unholde Wesen oder auch Naturgewalten wie Blitz, Donner und Hagelschlag abwehren.

Radwandern

Wie fast alle großen Weinanbaugebiete der Welt, liegen aufgrund der dem Wein förderlichen Klimaverhältnisse auch in Österreich die besten Rieden/Lagen am Wasser, wie an der Donau oder am Neusiedlersee, Gegenden, die vom Wegeausbau her vortrefflich ausgestattet sind. Österreichische Weingärten lassen sich, geographisch bedingt, am besten zu Fuß oder mit dem Rad erkunden. Wer also die Schönheit der Natur und das, was sie hervorbringt, zu gleichen Teilen genießen will, kann auch mit dem Rad die Orte und sehr viele Rieden erkunden.

Information und Tips

Über die einzelnen Weinbaugebiete Niederösterreichs liegt umfassendes Informationsmaterial vor, das zahlreiche Prospekte zu diversen Veranstaltungen mit Hotelpreisen, Heurigenterminen, Kulturevents, Radtouren und Wanderwegen beinhaltet.

Grundsätzlich erhalten Sie Informationen über Niederösterreich bei:

Niederösterreich-Information
Am Fischhof 3
1010 Wien
Telefon: 01/5 36 10-62 00
Fax: 01/5 36 10-60 60
Internet: http://www.noe.co.at

WACHAU

Simbachgr.
Cholerakreuz
Hinterseiber
Vorderseiber
382
Leinengraben
448
Steinriegl
Postaller
Ritzling
Geißberg
Kollmitz
Pichlpoint
Jochinger
Bachsatz
Mittereck
418
Stein am Rain
Freal
Angern
Hst.
Kollmütz
WÖSENDO
in der Wachau
Hochrain
Atzberg
612
Heizenleithen
Pöttinger
Donaupoint
OBERKIEN-
STOCK
Michaeler
ST. MICHAEL
211
Scheibental
BACHARNSDORF
512
MIESLINGTAL
Atzberg
Mieslingbach
Radlbach
MUHLDORF
Muthstall
774
Trenning
626
Brandstatt
321
ELSARN
a. Jauerling
Eichberg
Trenninggr.
610
Ritzlinggraben
350
Hart
Rotes Tor
Steinborz
Singerriedel
Hochrain
Hartberg
Achspoint
Bhf.
Vogel-
sang
RADLBACH
Offenberg
ZORNBERG
Setzberg
LAABEN
Tausend-
eimerberg
Donau-
garten
Schst.
206
Poigen
MITTERARNSDORF
HOFARNSDORF
Bruck
Schön
Kalkofen
Biern
Vogelleithen
Zornberg
Erlahof
Ruine
Hinterhaus
275
SPITZ
Fähre
Buchental
VIESSLING
(333)
251
GUT AM STEG
Elferkogel
Teufelsmauer
Ödreut
395
OBERARNSDORF
Parapluieberg
Brunntal
Buchental
Zwölferkogel
210
Rote Wand
592
Hirschenkogel
656
Hausberg
Dürrtal
Hochreut
Sonnleiten
Trauntal
SCHWALLENBACH
(212)
Hst.
Trauntal
Johannserberg
Mühlberg
Schwallenbach
346
Im Sommer
ST. JOHANN
im Mauerthale
211
Goldreut
604
Mauertal
Breitleiten
DONAU
Tischwand
615
Nußberg
625
WILLENDORF
in der Wachau
583
Willendorfer B.
209
Gerichtsgraben
Hst.
GROISBACH
(217)
Stickelberg
R. Aggstein
Aggsbach Markt
Aggsbach Dorf

DONAU
Heudürr
Heudürrgr.
DÜRNSTEINER WALDHÜTTEN
Fh. Rehstein
500
339
Kaiserberg
Lichten-stein(er)
Liebenberg
Schreiberberg
SCHEIBENHOF
Herstell
Buschen-berg
Frauen-gärten
Gründen
202
Schreiberberg
Pfaffental
Pfaffen-thal
Vogelberg
Fesslhtt.
Hengelwand
491
Klaus
203
Kanzel
546
564
Starhembergwarte
Talgraben
Pritzenau
RÜHRSDORF
Schloßberg
Loibengr.
Mühltalgr.
Biratalwand
Kiernberg
ROSSATZ
(225)
Keller-weingärten
Ruine Dürnstein
Rothenberg
Rauheneck
Süßenberg
Loibenbg.
413
205
Pointe
DÜRNSTEIN
Schst.
209
Bhf.
Wunderburg
Kellerberg
Loibenberg
Langenzügen
Steinertal
Rothenhof
Mühl-point
ROTHENHOF
Kreuz-berg
Holzapfel
Feld
Steiger
Küß den Pfennig
Superin
Hollerin
Höhereck
Schütt
Hochstraßer
Kreutles
Breitl
Hst.
Burgstall
Waldandacht
Frauen-weingärten
Mugler
515
Kloster-satz
Mitterfeld
Ober-hauser
Untersätzen
Bock-Obersätzen
füssl
Frauen-weingarten
UNTERLOIBEN
(203)
ROSSATZBACH
Rührsdorfer Rotes Kreuz
Toter Berg
454
204
OBERLOIBEN
Seegraben
wand
Hohe Wand
370
Ferdinandswarte
Pemexel
Gochelberg
Pülnhof
BERGERN
im Dunkelsteinerw.
Maria Langegg
Weinbaugebiet Kremstal
Stein
an der Donau,
Kems
an der Donau
204
Burg-garten
MAUTERN
a. d. Donau (201)
Ladoschen-kreuz
Kirschböck
HUNDSHEIM
Frauenpoint
Donau-leiten
Strudel
Wein-gebirge
Süßenberg
(Junge Point)
Vom Stein
Zaum
Silberbühel
246
MAUTERNBACH
BAUMGARTEN
Schl.
277
Alte Point
UNTERBERGERN
(305)
Am Giritzer
397
Halterbach
265
Weinbaugebiet Traisental

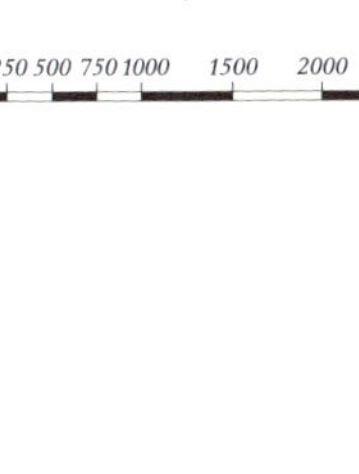

N
W
O
S

0 250 500 750 1000 1500 2000 2500 m

WACHAU

Große Weine wachsen in der Regel dort, wo auch die Landschaft den Besucher überwältigt. Die Wachau ist dazu ein treffendes Beispiel. Der eine fühlt sich in der Sprache der Musik, ein anderer in der der Malerei gut aufgehoben. Der Weinliebhaber bevorzugt die Sprache der kulinarischen Sinnesfreuden, des Genusses eines edlen Weines, in dem er die Verbundenheit zu einer bestimmten Gegend, zu einem bestimmten Duft verspüren mag. Hier in der Wachau findet man eine reiche Sprache vor, eine Sprache, der man immer wieder neue Töne abgewinnen kann, die man in der Erinnerung behält, die man immer wieder gerne in sich aufnehmen will. Gerne sitzt man beim Heurigen, schwer fällt der Abschied aus der Wachau, gerne kehrt man wieder.

Als eine Region ohne Massentourismus präsentiert sich das Waldviertel mit Burgen, Schlössern und Seen, eingebettet in Moor- und Waldlandschaften. Zu dieser Region gehört auch die Wachau. Alte und bewährte Rieden sowie Häuser, die teils noch aus der Zeit der Renaissance datieren, stehen für die jahrhundertelang gewachsene Tradition der Wachauer Winzer. Die Weine, vor allem aus den beiden Paraderebsorten Riesling und Grüner Veltliner, sind mittlerweile nicht nur national, sondern auch im Ausland anerkannt und begehrt: beide Sorten erbringen rassige Weine mit fruchtigem Geschmack und dem Potential, ein hohes Flaschenalter zu erreichen. Auch der Riesling erzielt hier wie in Krems und im Kamptal die unverwechselbare Vollendung von Duft, der an Weinbergpfirsiche und Rosenholz erinnert, aber auch an exotische Fruchtkomponenten. Der Weinbau ist in der Wachau allgegenwärtig. Hier befindet sich mit etwa 1.350 Hektar Rebfläche entlang der Donau das kleinste Weinbaugebiet Niederösterreichs. An den Hängen sind die Weingärten in Terrassen angelegt, mit Steinmauern gestützt, auf Böden aus Verwitterungsgestein, sogenanntem „Urgestein". Daraus ergibt sich der besondere Charakter und Charme der Weine. Nach schweren Regenfällen kommt es vor, daß einige Mauern einstürzen. Um das Landschaftsbild zu erhalten, werden die Stützmauern wieder in Original aufgebaut, ein sehr aufwendiges und kostenintensives Unternehmen.

Das Klima ist übers Jahr sehr mild, als Reisezeit empfehlen sich das Frühjahr und der Herbst. Aus dem Osten wirkt der Einfluß des pannonischen Klimas ins Donautal. Der Fluß senkt die Frostgefahr, von den bewaldeten Hügeln strömt in der Nacht kühle Luft herab; die Temperaturschwankungen zwischen Tag und Nacht begünstigen die Aromabildung der Trauben.

Das Waldviertel war ehemals auch als das „Gänseviertel" bekannt. Wie oft in Regionen mit Weinbau, wurden auch in der Wachau früher Gänse gezüchtet. Zu Martini, am 11. November, wird der neue Wein aus der Taufe gehoben und dieses traditionelle Fest mit dem Braten einer Gans gefeiert.

Die Weinkategorien der Wachau

Ob bereits die Römer in der Wachau Weinbau betrieben haben, kann man nur vermuten. Jedenfalls gab es um 470 n. Chr. Rebberge, wie in den Schriften von Eugippius („Das Leben des heiligen Severin") nachzulesen ist. Im Mittelalter waren es vor allem die Mönche und Nonnen verschiedener Stifte und Klöster, die Weingärten anlegten und pflegten. Seit dieser Zeit wurden Grundstücke mit Namen bezeichnet und diese in Urkunden, zum Beispiel anläßlich einer

Schenkung, festgehalten. Es ist Tradition, Weine nicht nur reinsortig, sondern auch nach Lagen oder Rieden getrennt zu vinifizieren. Die Entwicklung zum namhaften Weinbaugebiet hat erst in den letzten 20 Jahren stattgefunden. Die Wachauer Winzer haben als erste in Österreich die Bedeutung des Gebietsschutzes erkannt und 1983 den Verband „Vinea Wachau nobilis districtus" gegründet. Die Mitglieder - ein eigenes Schild am Haus weist auf die Mitgliedschaft hin - dürfen ausnahmslos nur Wein aus der Wachau vermarkten. Um die Besonderheit deutlich hervorzuheben, wurden eigene Qualitätskategorien definiert:

Steinfeder, benannt nach einer regionstypischen Grasart (stipa pennata), steht für leichte, fruchtige Weine, immer trocken und nicht aufgebessert, mit einem Alkoholgehalt von höchstens 10,7 Vol.%.
Federspiel heißen Weine im Kabinettbereich mit einem Alkoholgehalt von nicht mehr als 12,3 Vol.%.
Smaragd bezeichnet die besten und wertvollsten Weine der Wachau; der Name kommt von den grün-bläulich schimmernden Smaragdeidechsen, die in den Steinterrassen leben. Diese Spätleseweine sind durchgegoren und haben höchstens 9 Gramm Restzucker, gelten also als trocken. Bis zum Jahrgang 1992 waren sie bei einem Restzuckergehalt von 4 - 9 Gramm laut damals geltendem Gesetz halbtrocken.

Die Jahrgänge in Niederösterreich seit 1986

1986	*durchschnittlich bis sehr gut*	*1993*	*gut bis hervorragend*
1987	*durchschnittlich bis gut*	*1994*	*gut bis hervorragend*
1988	*durchschnittlich bis sehr gut*	*1995*	*gut bis sehr gut*
1989	*durchschnittlich bis sehr gut*	*1996*	*gut bis sehr gut*
1990	*gut bis hervorragend*	*1997*	*gut bis sehr gut*
1991	*durchschnittlich bis sehr gut*	*1998*	*gut bis ausgezeichnet*
1992	*durchschnittlich bis sehr gut*	*1999*	*gut bis ausgezeichnet*

Spitz

Die Gegend um Spitz erreicht man am besten, von der Westautobahn (A 1) kommend, über die Abfahrt Melk. Von weitem sieht man schon das imposante Stift. Zudem bietet sich hier die Möglichkeit, beide Donauufer zu befahren. Spitz, mit den Dörfern Gut am Steg, Vießling und Schwallenbach, ist die am weitesten westlich gelegene Weinbaugemeinde der Wachau von Bedeutung. Die Marktgemeinde liegt am Fuße des imposanten Burgbergs, auch „Tausendeimerberg" genannt. Westlich von Spitz, am Beginn des Spitzer Grabens, befindet sich die Ruine Burg Hinterhaus, von der aus der Wanderer einen herrlichen Blick in die Wachau werfen kann.

Erntedankfest

Ein sehenswertes Kulturdenkmal ist die Pfarrkirche zum Hl. Mauritius, eine spätgotische Staffelkirche.

Bekannt sind auch einige Spitzer Brauchtumsfeste wie die Sommersonnenwende, bei der Tausende Fackeln den Tausendeimerberg und die Burgruine erleuchten, der Marillenkirtag am letzten Juliwochenende und das Erntedankfest gegen Ende Oktober, ein Winzerumzug in alten Trachten und mit alten Tänzen.

Wer auf das südliche Donauufer wechseln will, dem steht eine Autofähre zur Verfügung.

In Spitz werden 230 Hektar Weingärten bearbeitet, die zu mehr als 80 Prozent mit Weißweinsorten bepflanzt sind und zu über 70 Prozent auf extremen Steinterrassen liegen.

Spitzer Graben - Ruine Hinterhaus

Unsere Reise beginnt, nachdem wir die Donau überquert haben, von Melk aus kommend über Aggsbach Markt und Willendorf, dem Fundort der berühmten „Venus von Willendorf“, ein prähistorisches Fruchtbarkeitssymbol, kurz vor Spitz im Ort Schwallenbach, der hauptsächlich vom Obstbau lebt. Hier kann man das Auto abstellen und sich zu Fuß oder per Rad in das ca. 3 km entfernt liegende Spitz begeben.

Wer will, kann natürlich Spitz direkt anfahren oder, wenn man das südlich gelegene Donauufer als Anfahrtsweg gewählt hat, bei Oberarnsbach mit der Fähre direkt nach Spitz übersetzen.

Wer mit dem Rad unterwegs ist, kann vor dem Besuch von Spitz eine gemütliche Tour in den Spitzer Graben (Spitzenbachtal) Richtung Vießling und Elsarn unternehmen. Je nach Lust, Laune und Kondition sind hier stundenlange Radtouren durch das ruhige Seitental möglich. Lockt der Ausblick von einem Burgberg, so führt kurz vor der Abzweigung in den Spitzer Graben der Burgweg zur Ruine Hinterhaus empor. Der Anstieg ist mittelschwer, aber für die ganze Familie zu schaffen. Von der Ruine hat man einen wunderschönen Einblick in die Wachauer Landschaft. Donauabwärts sieht

man den dominanten Tausendeimerberg inmitten der Ortschaft Spitz und entlang der Donau die Weindörfer. Nach einer eventuellen Stärkung im Gasthaus Ruine Hinterhaus (täglich von 8 bis 24 Uhr geöffnet) steigt man wieder hinunter ins Tal.
Nach Spitz ist es nun nur mehr ein „Katzensprung". Wer sich für einen Spaziergang in das ca. 4 km entfernt liegende Vießling entscheidet, den führt der Weg an zahlreichen aufgelassenen Terrassen vorbei. Man kann erahnen, welche Größe der Weinbau hier früher hatte. Für einen Qualitätsweinbau in heutigem Sinne ist es aber übers Jahr einfach zu kalt.
Auf dem Weg nach Vießling oder einfach bei einem kurzen Abstecher in den Spitzer Graben bietet sich die Möglichkeit, bei dem einen oder anderen Heurigen einzukehren (s. S. 33 Winzerhaus Sighardt Donabaum in der Ortschaft Gut am Steg), um ein Glas Wein und/oder eine Jause zu sich zu nehmen. Empfehlenswert ist der Neuburger, der hier quasi beheimatet ist. Es ist eine seltene, österreichische Sorte, deren Geschmack an einen Weißburgunder erinnert.

Rieden Tausendeimerberg - Rotes Tor

Ausgangspunkt zu den Rieden Tausendeimerberg und Rotes Tor ist das Zentrum von Spitz. Idyllisch eindrucksvoll ist der Kirchenplatz, der seinen ursprünglichen Charakter bewahrt hat. Sehenswert ist die Pfarrkirche zum Hl. Mauritius aus dem 16. Jahrhundert. Aus dem 14. Jahrhundert stammen die gotischen Holzplastiken Jesu und seine zwölf Jünger an der Orgelempore.
Vom Kirchenplatz aus folgt man der Friedhofgasse gegen Westen bis zum Friedhof, vorbei am Schloß, der zweiten Burg von Spitz, die im 16. und 17. Jahrhundert erbaut wurde. Direkt hinter dem Friedhof führt ein nicht zu schwieriger Weg auf den Rücken des Tausendeimerberges, wie im Volksmund die Ried Burgberg genannt wird. In guten Jahren soll diese Ried 1.000 Eimer Wein, das sind

Neuanlage auf Steinterrassen

rund 56.000 Liter - früher galt als Maßeinheit 1 Eimer = 56 Liter -, bringen. Sehr gut gedeihen in den steilen, Richtung Süden gelegenen Terrassen die Sorten Riesling, Neuburger und Grüner Veltliner. Vom Tausendeimerberg aus sieht man Richtung Westen, donauaufwärts, die Ruine Hinterhaus, donauabwärts Weißenkirchen.
Nach dem Abstieg auf demselben Weg bietet sich der Besuch des Schiffahrtsmuseums an. Man geht dazu in der Friedhofgasse weiter in Richtung der Ortsteile Quitten und Radlbach, vor Augen die Ruine Hinterhaus. Jenseits der Straße nach Ottenschlag liegt der Erlahof, in dem sich das sehenswerte Schiffahrtsmuseum befindet. Die Schiffahrt hat auf der Donau eine große Bedeutung, heutzutage vor allem durch den Ost-West-Handel und die Möglichkeit, bedingt durch den Rhein-Main-Donau-Kanal, von der Nordsee bis in das Schwarze Meer zu gelangen, früher durch den Handel mit Salz, Wein, Getreide und Erz. Die Donau ist Lebensraum und eine Metapher an stete Bewegung und Veränderung; auch Transport- und Handelsweg über Jahrhunderte hinweg und heute ein Ort der Erholung und der Besinnung.

Richtung Rotes Tor gelangt man ebenfalls über die Friedhofgasse, ausgehend vom Kirchenplatz und vorbei am Schloß. Auf dem Weg zum Roten Tor liegt der empfehlenswerte Heurige Lagler (s. S. 32). Man biegt hier von der Friedhofgasse Richtung Buchberg den leicht begehbaren Wanderweg zum Roten Tor hinauf. Dieses alte Stadttor, gleichzeitig ein volkstümlicher Weingartenname aus dem 30jährigen Krieg, führt seinen Namen auf das hier bei kriegerischen Auseinandersetzungen reichlich vergossene Blut zurück. Bei diesem Stadttor kann man eine kleine Rast einlegen und den Blick auf den Rücken des Tausendeimerberges und die träge dahinfließende Donau genießen. Wer nun den östlich gelegenen Rückweg nach Spitz wählt, kommt an einer der Spitzenweinlagen der Wachau vorbei: Singerried(e)l. Steile Terrassen in Südausrichtung prägen diese Lage. Riesling, Neuburger und im unteren Bereich Grüner Veltliner werden hier kultiviert. Die benachbarte, ebenfalls für ihre Weinqualität bekannte Riede Hochrain ist mit Riesling und Grünem Veltliner bestockt.
Wer gut bei Kräften ist, dem bietet sich ein kleiner Abstecher hinauf in die Terrassen an. So kann man auch erahnen, welchen Arbeitsbedingungen die Winzer hier unterworfen sind. Lockt der gute Wein mehr, und man unterläßt den „Höhenflug", steht, wieder unten in Spitz angekommen, der Besuch bei einem der berühmtesten Wachauer Winzer, Franz Hirtzberger (s. S. 32), in Aussicht.

Verläßt man Spitz in Richtung Weißenkirchen, Dürnstein und Krems, sieht man Richtung Norden die Erhebung des Atzberges mit der aufgelassenen Ried Atzberg. Auf dem Bergrücken befinden sich noch alte, aufgelassene Erzstollen, auch Atzstollen genannt, aus dem letzten Jahrhundert.
Einen umfassenden Blick auf die Toplagen der Wachau erlaubt die Sicht vom Südufer der Donau – ein Tip für Fotografen. Mit der Fähre ist ein relativ schneller Transfer möglich.

Wachauer Spezialitäten

Eine Spezialität der Wachau sind Marillen (Aprikosen). Diese sind namensrechtlich EU-geschützt. Die Bäume blühen früh und sind empfindlich gegen Frost, der Ertrag ist deshalb mitunter sehr bescheiden. Marillen reifen Anfang Juli - dann werden sie entlang der Straßen zum Verkauf angeboten - und schmecken frisch vom Baum am besten. Eine gute Adresse ist Gerhard Salomon (s. S. 34). Marillen werden zum Kochen und Backen verwendet, aber ebensogern zu aromatischen Destillaten verarbeitet (s. S. 40 unter Holzapfel, Weißenkirchen). Jede Hausfrau schwört auf „ihre" eigene, allerdings nicht EU-konforme Marillenmarmelade, ein klassischer Bestandteil der österreichischen Mehlspeisküche.

Einer der Höhepunkte in der Wachau ist der Marillenkirtag am letzten Juliwochenende in Spitz. Zum halben Dutzend unter Herkunftsschutz gestellter österreichischer Produkte gehört neben der Wachauer Marille auch das als Heilmittel verwendete Waldviertler Mohnöl.

Marillenblüte

Eine weitere Spezialität, die sich auf den Wachauer Speisenkarten etabliert hat, stammt aus Waidhofen an der Thaya, im nördlichen Waldviertel: Schaf- und Ziegenkäse der „Käsemacher". Natürlich darf der Waldviertler Karpfen nicht fehlen; gebacken oder natur zubereitet.

Winzer und Heurige

Franz Hirtzberger
Kremser Straße 8
3620 Spitz
Telefon: 02713/22 09
Fax: 02713/24 05
Seit 1983 ist Franz Hirtzberger junior in der vierten Generation für das Familienweingut in einem wunderschönen, etwa 600 Jahre alten Haus verantwortlich. 1985 wurde der Keller in der heutigen Form erweitert, zudem weitere Weingärten rekultiviert und die Steinmauern in der herkömmlichen Bauweise erneuert. Das Sortenspektrum beinhaltet zu je 40 Prozent Riesling und Grünen Veltliner, weiters Weißburgunder sowie Feinburgunder (Chardonnay) und Grauburgunder; als Raritäten kommen Gelber Muskateller und Sauvignon blanc hinzu.
Die Weine Franz Hirtzbergers, der seit 1988 Obmann der „Vinea Wachau" ist, sind fast immer sehr regions- und lagenspezifisch und als solche leicht wiedererkennbar.

Winzerhof und Heuriger Josef Högl
Vießling 31
3620 Spitz
Telefon u. Fax: 02713/84 58
Das Weingut Högl hat seinen Sitz in Vießling im Spitzer Graben.
4 Hektar eigene Weingärten werden bewirtschaftet, und zwar in Loiben in den Lagen Loibenberg, Steinertal und Hollerin, in Dürnstein in der Heudürr sowie zwischen Spitz und Vießling in den Rieden Bruck und Schön. Die Vegetation hat hier gegenüber dem Bereich Loiben einen Rückstand von etwa zwei Wochen. Die wichtigsten Rebsorten sind Grüner Veltliner und Riesling mit je 40 Prozent, weiters Neuburger, Chardonnay und Weißburgunder.

Weinberghof Karl Lagler
Rote Torgasse 10
3620 Spitz
Telefon: 02713/25 16 oder 29 39
Fax: 02713/29 50
Die Rebflächen des Weinguts befinden sich größtenteils in Spitz, zum Teil in sehr guten Lagen wie Burgberg/Tausendeimerberg, Hochrain oder Steinborz. Bei den Rebsorten dominiert der Grüne Veltliner vor Riesling. Die interessantesten Weine gelingen jedoch aus Weißburgunder, Chardonnay und vor allem aus Neuburger, der reinsortig sowie als Cuvée mit Weißburgunder und Chardonnay ausgebaut wird.
Etwa sechs Monate im Jahr hat der Heurigenhof geöffnet; Spezialitäten

sind Aufstriche, Schaf- und Ziegenkäse sowie hausgeräucherte Forellen. Ehefrau Elisabeth kümmert sich nicht nur um den Heurigen, sondern führt auch das gemütliche Hotel „Weinberghof" mit 13 Zimmern.

Wachauer Laberl

Winzerhaus Sighardt Donabaum
Zornberg 4
3620 Spitz
Telefon: 02713/22 87
Fax: 02713/22 88
In den Weingärten des Zornbergs gelegen; große, überdachte Terrasse; kalte Wildspezialitäten wie Wildgeselchtes oder -pastete sind zu empfehlen.
Ausschankzeiten: 3 Wochen im März, Ende Juni bis Mitte August, 3 Wochen im Dezember, jeweils ab „wenn der erste Gast kommt". Von Spitz aus fährt man auf der B 217 Richtung Ottenschlag bis Gut am Steg (etwa 3 Kilometer); das Weingut liegt rechts circa 100 Meter oberhalb der Straße; zum Parken biegt man am besten von der B 217 links nach Gut am Steg ab.

Unterkunft und Essen

Weinberghof Karl Lagler
Rote Torgasse 10
3620 Spitz
Telefon: 02713/25 16 oder 29 39
Fax: 02713/29 50
Gemütliches Hotel; 13 Zimmer.

Hotel-Restaurant Krone-Kaiserhof
3672 Maria Taferl
Telefon: 07413/63 55-0
Fax: 07413/63 55-83
Ein paar Kilometer westlich von Spitz im Wallfahrtsort Maria Taferl, auf der Anhöhe des Donautales gelegen; ein gutes Gasthaus, mit Terrasse.

Burg Oberranna / Hotel
Oberranna 1
3622 Mühldorf bei Spitz
Telefon: 02713/82 21-0
Idyllisch inmitten von Obstgärten gelegen. 12 schöne Zimmer und Appartements und eine Burgtaverne. Rund 5 km nordwestlich von Spitz gelegen.

Information und Tips

Stift Melk
Information
Abt Berthold Dietmayr-Straße 1
Telefon: 02752/5 23 12-0
Fax: 02752/5 23 12-2 49
Ursprünglich ein Kanonikerstift, 1089 dem Benediktinerorden übergeben; ab 1702 nach Plänen von Jakob Prandtauer ausgebaut. Konzerte und Theateraufführungen.

Emmersdorf / Gemeindeamt
3644 Emmersdorf
Telefon: 02752/7 14 69-0 oder 02752/7 00 10 ab 15.30 Uhr
Fax: 02752/7 14 69-3
Vor allem für Radfahrer der Ausgangspunkt für Radtouren in die Wachau. Hier erfährt der Radfahrer alles über spezielle Touren, Ausleih- und Servicestellen. Für Zugreisende besteht auch die Möglichkeit, sich an einem Bahnhof Räder ausleihen zu können. Auskunft darüber erteilen die Österreichischen Bundesbahnen bzw. liegen Prospekte bei den Informationsstellen auf.

Bahnhof Spitz
Bahnhofstraße 6
3620 Spitz
Telefon: 02713/22 20

Spitz Verkehrsverein
Mittergasse 3A
3620 Spitz
Mai - Okt., Mo - Sa 15-20 Uhr
Telefon: 02713/23 63
Fax: 02713/29 88

Schiffahrtsmuseum im Erlahof
Auf der Wehr 21
3620 Spitz
Telefon: 02713/22 46
Offen Anfang April bis Ende Oktober

Gerhard Salomon
Schwallenbach 28
3620 Spitz
Telefon: 02713/23 86
Bei Gerhard Salomon lohnt sich ein Anruf in bezug auf die Wachauer Marillen.

Die Käsemacher
Raiffeisenstraße 23
3830 Waidhofen an der Thaya
Telefon: 02842/5 12 15-0
Hier gibt es ausgezeichnete Schaf- und Ziegenkäsespezialitäten. Waidhofen an der Thaya liegt im nördlichen Waldviertel, ca. 1,5 Autostunden von Spitz entfernt.
Informationen über die Wachau erhalten Sie ebenfalls per Internet:
http://tiscover.com/wachau

Weißenkirchen

Weißenkirchen ist die größte Weinbaugemeinde der Wachau. Im 15. und 16. Jahrhundert zählte sie unter dem Namen „Markt Wachau" auch zu einer der reichsten. Von dieser wirtschaftlichen Blüte zeugen heute noch zahlreiche, oft liebevoll restaurierte Renaissancehäuser

Weißenkirchen

und Hauerhöfe. Beachtenswert sind der „Prandtauerhof" und der „Florianihof", die gastronomische Betriebe beherbergen, sowie der „Raffelsbergerhof", ein renovierter Renaissancebau, in dem ein Hotel geführt wird. Zur Gemeinde zählen die vier Winzerorte Weißenkirchen, Wösendorf, St. Michael und Joching, die im Jahre 1838 zum „Thal Wachau" zusammengeschlossen worden sind. Die Wehrkirche St. Michael ist einer der ältesten befestigten Kirchenplätze Österreichs und wurde schon 987 urkundlich erwähnt. Sie gilt auch als „Urpfarre" der Wachau. Die gotische Filialkirche wurde zwischen 1500 und

1523 erbaut. Sehenswert sind einige kunstgeschichtliche Kostbarkeiten wie Apostelfiguren und eine Pieta aus der Zeit der Donauschule um 1520.

Rieden Hochrain - Kollmütz - Kollmitz

Die Rieden Hochrain und Kollmütz liegen zwischen St. Michael und Wösendorf. Sie befinden sich oberhalb der alten Wachauer Straße und sind sowohl für Spaziergänger als auch Autofahrer und Radfahrer, der Donauradweg folgt hier der alten Wachauer Straße, leicht zu erreichen. Von Spitz aus kommend, verläßt man bei St. Michael die Bundesstraße, biegt in nördlicher Richtung in die Weingärten ein und benutzt die alte Wachauer Straße. Viele sind der Meinung, daß hier der schönste Teil der Wachau beginnt.

Zwischen St. Michael und der nächsten Ortschaft, dem etwa zwei Kilometer entfernten Wösendorf, erstreckt sich die bekannte Ried Hochrain, auf den Höhenzügen des Donautales gelegen, die überwiegend mit Grünem Veltliner bestockt ist. Einige kleine Wege führen in die Ried hinein. Wer will, kann einen kleinen Spaziergang in die Riede und wieder zurück zur Wachauer Straße unternehmen oder Wösendorf auf einem kleinen Fußweg, der oberhalb der hier durchführenden Bahnlinie liegt, erreichen.

Nordöstlich der Ried Hochrain befindet sich die Ried Kollmütz, über der Ortschaft Wösendorf gelegen. Von Wösendorf gibt es mehrere Möglichkeiten, die überwiegend mit Grünem Veltliner bepflanzte Ried Kollmütz zu begehen. Zwischen Wösendorf und Joching liegt die Ried Kollmitz, die als Jochinger Kollmitz bezeichnet wird. Beide Namen gehen aus der mittelalterlichen Bezeichnung „Weingart Cholmunz" hervor. Die Jochinger Kollmitz beherbergt als interessanteste Sorte den Gelben Muskateller. Die „Spitze" der Ried liegt etwa 150 Höhenmeter über dem Tal. Auch in diese Ried führen einige Wege, die aber ebenso wie in der Kollmütz mitten in den Weingärten enden.

Für jene, denen ein Blick auf die Ried Kollmitz ausreicht, gibt es, knapp unterhalb der Bahnlinie, einen gemächlich dahinführenden Fußweg von Wösendorf nach Joching.

In Joching ist vor allem das Restaurant Jamek (s. S. 43) hervorzuheben. Wer von Joching aus einen Spaziergang Richtung Weißenkirchen unternehmen will, hat die Möglichkeit, gleich beim Restaurant Jamek in die Rieden einzubiegen. Hier eröffnet sich ein wundervoller Blick in die Wachauer Landschaft. Wenn man die Bahnlinie überschreitet, hält man sich donauabwärts, mehrere Wege führen in den etwa 1,5 Kilometer entfernten Ort Weißenkirchen, als Orientierungspunkt ist die Ortskirche unübersehbar. Kurz vor dem Ort liegen in nördlicher Richtung die Rieden Vorderseiber und Hinterseiber. Wer gut bei Fuß ist, kann über diese Rieden, Weißenkirchen im Norden umgehend, über den Grubbach das Cholerakreuz erreichen und von dort aus nach Weißenkirchen gehen. Jene, die wieder zurück nach Joching spazieren wollen, finden einige verästelte Pfade durch die Weingärten vor, die sie wieder in den Ort zurückbringen.

Smaragdeidechse

Rieden Achleiten - Klaus

Markanter Ausgangspunkt, um in die Rieden Achleiten und Klaus zu gelangen, ist die Weißenkirchener Kirche. Im Nordwesten, Richtung Waldanhöhe, liegen die Rieden Vorderseiber und Hinterseiber, nordöstlich davon der Weitenberg. Zum Weitenberg führt, gleich hinter der Kirche, zuerst eine schmale Straße, die in einen Fußweg übergeht. Von hier aus gelangt man in die berühmte Ried Achleiten. Ein anderer Weg in die Ried Achleiten führt über die Kremser Straße. Dazu biegt man vom Hauptplatz Weißenkirchens Richtung Osten ab, vorbei an alten, wunderschönen Winzerhäusern. Der Teisenhoferhof befindet sich ebenfalls auf dieser Strecke (s. S. 44). Fast am Ende der Straße, kurz vor der Einmündung in die Bundesstraße, beginnt der relativ leichte Anstieg in die Rieden Klaus, rechter Hand, und Achleiten, linker Hand gelegen, in der sich eine alte, malerische Weinhüter-Hütte befindet.

Der Weinbau in der Ried Achleit(h)en läßt sich bis in das 9. Jahrhundert zurückverfolgen. Sie ist schon von weitem sichtbar und der Ried Klaus südlich vorgelagert; hier wachsen einige der besten Wachauer Weine. Als Rebsorten dominieren Grüner Veltliner und Riesling.

Im Jahr 1386 wurde die Ried Klaus erstmals urkundlich erwähnt. In diesem Weinberg wurde 1962 die erste Beregnungsanlage der Wachau eingerichtet. Bekannt und zu Recht berühmt ist der Riesling. Oberhalb der Bahnlinie, ausgehend von der Kremser Straße, führt ein relativ bequemer Spazierweg auf der alten Wachauer Straße entlang, von der aus man einen herrlichen Blick in die Wachauer Landschaft, auf Dürnstein und das Stift Göttweig hat. Hier eröffnen sich wieder zwei Möglichkeiten, weiterzugehen: Entweder der alten Wachauer Straße entlang oder unterhalb einer Aussichtsplattform nach Norden hin in die Achleiten hineinzubiegen, beziehungsweise aufzusteigen. Man wird dafür belohnt, und zwar mit einer Aussicht bis nach St. Michael. Ein idealer Platz, um zu rasten und die Wachauer Natur auf sich einwirken zu lassen. Zurück nach Weißenkirchen führt dann ein bequemer Weg auf einer Straße (ca. 30 Minuten zu Fuß).

Obstblüte in der Terrasse

Radfahrer können auch den Radweg rechts vom Marterl „Klaus“ in Richtung Dürnstein benützen.

Winzer und Heurige

Karl Holzapfel
3610 Joching 36
Telefon: 02715/23 10-0
Fax: 02715/23 10-9

Karl Holzapfel jun. ist für den Weinbau im „Prandtauerhof" verantwortlich; die Eltern führen das gleichnamige Restaurant in dem Gebäude aus dem 17. Jahrhundert mit einem herrlichen Arkaden-Innenhof und einer Kapelle. Zwar gilt die eigentliche Liebe von Karl Holzapfel seinen wirklich ausgezeichneten Obstschnäpsen, die Brennerei ist sehenswert, dennoch wurde unter seiner Leitung das Weingut vergrößert. Die Weine wirken eher schlank und zartfruchtig, entsprechen aber dem Charakter ihrer Lagen, speziell der Grüne Veltliner aus der Ried Achleiten.

Weingut Josef Jamek
(Jutta und Hans Altmann)
3610 Joching 45
Telefon: 02715/22 35
Fax: 02715/24 83

Drei „J" symbolisieren den Pionierbetrieb der Wachau, den J(osef) J(amek) in J(oching) aufgebaut hat. Heute ist das Weingut der größte private Winzerbetrieb der Wachau. In Weißenkirchen, Joching und Wösendorf befinden sich Jameksche Weingärten in so hervorragenden Rieden wie Klaus und Achleiten, weiters in den Lagen Hochrain, Zwerithaler, Pichl, Kollmitz und Stein am Rain. Das Rebsortenspektrum setzt sich unter anderem aus Riesling, der mit einem Anteil von 40 Prozent überwiegt, Grünem Veltliner, Weißburgunder, Chardonnay und Gelbem Muskateller zusammen; letzterer ist eine zwar alte, aber dennoch zur Rarität gewordene Sorte in der Wachau. Für die Wein-

Es „stürmt"

gärten und den Keller zeichnet Schwiegersohn Hans Altmann verantwortlich. Enkel Markus Wieser produziert ausgezeichnete Brände. Eine gute Gelegenheit zur Verkostung der Weine und Brände bietet das beliebte Gasthaus des Weinguts, geführt von Jutta Altmann.

Rudolf Pichler
Winklgasse 38
3610 Wösendorf
Telefon: 02715/22 67
Fax: 02715/22 67-4
Rudolf Pichler jun. hat seit der Betriebsübernahme einige Erneuerungen eingeführt, wie etwa die Anschaffung von Edelstahltanks. Riesling, Grüner Veltliner, etwas Weißburgunder, Feinburgunder (Chardonnay) und auch Roter Veltliner sind ausgepflanzt, unter anderem in den Wösendorfer Rieden Kollmütz und Hochrain, wo die Rebstöcke durchschnittlich 40 Jahre alt sind, sowie in der Weißenkirchener Achleiten. Die Vergärung erfolgt in den Stahltanks, und ein Teil der Weine wird auch darin ausgebaut, was die Weine reduktiver macht und mineralische Geschmackstöne stärker betont.
Der gemütliche Heurige hat zweimal pro Jahr geöffnet.

Prager Weingut
(Anton und Ilse Bodenstein)
Wachauer Straße 48
3610 Weißenkirchen
Telefon: 02715/22 48
Fax: 02715/25 32
Unter anderem werden zur Zeit die Weißenkirchener Rieden Achleiten, Klaus, Steinriegl und Hinter der Burg sowie in Joching die Ried Klaus und in Dürnstein die Ried Hollerin bewirtschaftet. Die Weißenkirchener Rieden sind zu fast zwei Dritteln mit Riesling bestockt, auf etwa einem Viertel steht Grüner Veltliner; weiters sind Chardonnay und Sauvignon blanc ausgepflanzt. Schwiegersohn Anton Bodenstein ist wesentlich daran beteiligt, das renommierte Weingut wieder dorthin zu bringen, wo es früher schon einmal stand: an der Wachauer Spitze.

Weingut und Weinstube Johann Schmelz
Weinbergstraße 14
3610 Joching
Telefon: 02715/24 35
In den letzten Jahren hat sich der junge Winzer an die Spitze der Wachauer Weingüter emporgearbeitet. Heute wird das Weingut zu etwa zwei Dritteln mit Grünem Veltliner, einem Drittel mit Riesling sowie

Feinburgunder (Chardonnay), Neuburger und Riesling-Sylvaner (und Rotweinsorten, hauptsächlich für den Heurigen) bewirtschaftet. Sie befinden sich teils in Weißenkirchen und Joching, unter anderem in den

Innenhof des Teisenhoferhofes

Rieden Pichl Point, Stein am Rain, Postaller und Buschenberg, teils in Dürnstein in der Ried Höhereck hinter dem an die Napoleonischen Kriege erinnernden Franzosendenkmal; die Rieslinge von hier bezeichnet Johann Schmelz als Dürnsteiner Freiheit.
Für Interessierte wird jedes Jahr Ende April/Anfang Mai eine Hausmesse veranstaltet, anläßlich der die aktuellen Jahrgangsweine verkostet und gekauft werden können. Empfehlenswert ist die Weinstube, wo Ehefrau Monika Schmelz, die lange Zeit Köchin im „Prandtauerhof" war, regionale Köstlichkeiten wie z. B. „Blunzenteigtascherl mit Weinkraut" oder die „Wachauer Saumaise" (Hackfleisch, in Schweinsnetz gewickelt, geräuchert und gekocht) auftischt. Wer im Garten sitzen möchte, sollte rechtzeitig reservieren, denn die Anzahl der Plätze ist gering.

Weingut Karl Stierschneider
Kremser Straße 6
3610 Weißenkirchen
Telefon: 02715/23 74
Fax: 02715/23 74-4
Der „Kartäuserhof" ist eines der ältesten Häuser Weißenkirchens. Der Betrieb wurde 1862 gegründet. Junior Karl Stierschneider produziert lagenreine Grüne Veltliner und Rieslinge (über 50 Prozent Anteil) mit zum Teil sehr guten Qualitäten, vor allem aus den Lagen Klaus und Achleiten mit Lager-Potential.

Unterkunft und Essen

Restaurant Florianihof
Hauptstraße 74
3610 Wösendorf
Telefon: 02715/22 12
Der aus dem 12. Jahrhundert stammende ehemalige Lesehof des Stiftes St. Florian bietet innen in den drei stimmungsvollen Stuben und auf der Terrasse bodenständige Küche auf hohem Niveau. Ob Donauschill (Zander aus der Donau), ob gebackenes Bauernhendl oder Marillenpalatschinken, es schmeckt!

Restaurant Prandtauerhof
3610 Joching 36
Telefon: 02715/23 10-0
Die Wachau ist nicht nur berühmt für die hervorragenden Weine und die Landschaft, sondern auch für ihre Gastronomie; sei es die „einfache" oder die der „Luxus"-Kategorie. Kaum eine andere österreichische Weinregion kann diese Komponenten so geballt aufweisen. Ein wunderschöner Ansitz mit Innenhof und Arkaden ist der Prandtauerhof, im Jahre 1669 von Barockbaumeister Jakob Prandtauer gestaltet. Einst der Lesehof des St. Pöltner Chorherrenstiftes. Im Gutslokal und im stimmungsvollen Arkadenhof werden saisonale, bodenständige Feinheiten serviert, wie hausgeräucherter Schinken, Karpfen, Marillenknödel oder Waldviertler Mohntorte. Feine Weine und ausgezeichnete Brände, vom Hausherrn Karl Holzapfel jun. gekeltert bzw. gebrannt, runden das kulinarische Erlebnis auf angenehmste Weise ab. Man sitzt im barocken Arkadenhof zwischen blühenden Oleandern, schaut in den blauen Himmel und genießt die Abgeschiedenheit vom alltäglichen Streß für ein paar Stunden; diese werden einem hier nicht lang.

Restaurant Jamek
3610 Joching 45
Telefon: 02715/22 35-0
Einer der Klassiker der Wachau ist der Winzer Josef Jamek und seine Gaststätte! Heute von Tochter Jutta und Schwiegersohn Hans Altmann geleitet, wird nach wie vor raffinierte, bodenständige Küche geboten. Ob Karpfen, Forelle blau, Wildbret oder Marillenpalatschinken, immer ist der Gourmet wieder überrascht. Feine Weine und hausgemachte, elegante Frucht-Brände vom Jamek-

Enkel begleiten den Aufenthalt im Gasthof. Bei schönem Wetter sollte man auf der Terrasse einen Tisch reservieren.

Gasthaus Erwin Schwarz
3521 Nöhagen 13
Telefon: 02717/82 09
Acht Kilometer nördlich von Weißenkirchen Richtung der Ortschaft Seiber gelegen. Bodenständige Küche, sehr gute Weinkarte.

Raffelsbergerhof / Hotel
3610 Weißenkirchen 54
Telefon: 02715/22 01-0
Die beste Adresse vor Ort; ein wunderschön restaurierter Spät-Renaissancehof, 1574 als Schiffsmeisterhaus erbaut; 13 moderne Komfortzimmer.

Gasthaus Achleithen-Stube
Herbert Gruber
3610 Weißenkirchen 5
Telefon: 02715/25 40
Mitten im Zentrum gelegen; 10 Zimmer und gutbürgerliche Küche.

Kirchenwirt / Friedrich Köck
3610 Weißenkirchen 17
Telefon: 02715/23 32-0
Neben dem Teisenhoferhof gelegen; 15 Zimmer, bodenständige Küche; Hotel ganzjährig geöffnet,
Restaurant im Winter geschlossen.

Information und Tips

Fremdenverkehrsinformationsstelle
(Teisenhoferhof)
3610 Weißenkirchen 177
Telefon: 02715/26 00

Wachaumuseum *(Teisenhoferhof)*
3610 Weißenkirchen 177
Telefon: 02715/22 68

Information im Internet:
http://tiscover.com/wachau

Weißenkirchen vom südlichen Donauufer aus

Dürnstein - Loiben

Mit Dürnstein verbindet man viele prominente Namen. Da zählt sowohl der sagenhafte König Richard Löwenherz dazu als auch dessen treuer Vasall, der Sänger Blondel. Die Kuenringer herrschten von hier aus als gestrenges Ministerialengeschlecht mit Raubritter-Image.

Der Melker Stiftsbaumeister Jakob Prandtauer trug ebenso das Seine zur unverwechselbaren Architektur der Kirche Dürnsteins, eines Barockjuwels, bei wie sein Schüler Josef Munggenast. Die bedeutendsten Wachau-Maler fanden in Dürnsteins Gassen so manchen idyllischen

Malerwinkel. Und Hugo von Hofmannsthal dachte, als er seinen „Jedermann" schrieb, beileibe nicht an Salzburg, sondern vielmehr an die unvergleichliche Kulisse des hoch auf einem Donaufelsen aufragenden Kloster- und Burgkomplexes Dürnstein.

Altstadt Dürnstein

Ein Tip: bevor man Dürnstein - von Weißenkirchen kommend - erreicht, gibt es nach einer langgestreckten Kurve der Donaustraße Richtung Norden eine Abzweigungsmöglichkeit nach Heudürr. Nach ungefähr 200 m Richtung Heudürr - zur linken und zur rechten Seite befindet sich die Ried Liebenberg - eröffnet sich für den Betrachter ein wunderbarer Blick zurück Richtung Weißenkirchen.

Dann geht es nach Dürnstein. Als Radfahrer oder Fußgänger biegt man vor der Tunneleinfahrt von Dürnstein links nach dem vorspringenden Watsteiner Felsen in die Altstadt ein. Das Auto - außer man hat in einem der Dürnsteiner Hotels ein Zimmer gebucht - stellt man am besten am Parkplatz nach der Tunnelausfahrt ab - abbiegen erste Straße links. Von dort gelangt man über die Donaustraße oder - sicherer - durch den Fußgängertunnel in die Altstadt von Dürnstein. Sie ist einer der Anziehungspunkte der Wachau. Jahrhundertealte Befestigungsmauern begrenzen den Ort, der im Jahr 1997 sein 650jähriges Stadtjubiläum feierte. Entlang einer dieser Mauern, bevor man durch das Kremser Tor in die Stadt gelangt, kann man zu linker Hand zur Strandpromenade hinuntergehen. Hier befindet sich die Anlegestelle der Donau-Schiffahrt. Falls man genügend Zeit hat, lohnt sich eine Schiffahrt durch das Donautal. Eine Personenfähre führt von hier auch an das andere Donauufer nach Rossatz. Von der Strandpromenade aus gelangt man zur schon von weitem sichtbaren Dürnsteiner Kirche mit dem ehemaligen Augustiner-Chorherrenstift. Vor einigen Jahren restauriert und in Blau-Weiß gestrichen, wurde die originale Wiederherstellung von den Dürnsteinern kontrovers aufgenommen. Nicht jeder der Besucher konnte und kann sich mit der Farbgebung abfinden, als zu verschieden erscheint manchem die Farbempfindung der Barockzeit und des heutigen Geschmacks. Die Kirche selbst ist immer noch einen Pflichtbesuch wert.

Wer Dürnstein vom Süden aus bewundern will, sollte sich zu einem

Dürnstein vom südlichen Donauufer aus

Abstecher auf die Ferdinandswarte entschließen, die man über die Donaubrücke bei Mautern erreichen kann. Aufstiegsmöglichkeiten gibt es vom südlichen Donauufer aus in Mauternbach; direkt von der Donaustraße aus in etwa der Höhe der Unterloibner Kirche (Donauleiten); von Unterbergern aus, eine kleine Ortschaft kurz nach Mauternbach gelegen.

Ruine Dürnstein

Hoch über der kleinen Altstadt mit ihren schmalen Gassen, nur einer engen Hauptstraße und schönen Renaissance-Innenhöfen, ragt die Ruine Dürnstein (Kuenringerburg 12. Jh., 1645 im Dreißigjährigen Krieg gesprengt und seit 1660 verfallen) auf. Zu ihr führt von der Hauptstraße ein mittelschwerer Fußweg - eine Tafel weist den Weg. Als Gehzeit muß man etwa eine halbe Stunde veranschlagen. Für Kleinkinder oder Eltern mit Kinderwagen ist dieser Weg allerdings zu beschwerlich. Oben angekommen, belohnt dafür ein herrlicher Panoramablick die Mühsal. Bevor man nach dem Abstieg wieder die Hauptstraße erreicht, sollte man noch einen Blick auf die Ruine der Kunigundenkirche werfen.

Ried Kellerberg

Insgesamt stehen über 20 km markierte Wander- und Radwege, vorbei an den Rieden, in Dürnstein zur Verfügung. Wer die Weingärten genauer erkunden will, geht vom Kremser Tor wieder zur Donaustraße zurück, über- oder unterquert sie, und gelangt so in die alte Wachauer Straße - rechts befindet sich der erwähnte Parkplatz, den man auch als Ausgangspunkt wählen kann, bevor man in die Stadt geht. Nach etwa 5 Minuten Gehzeit auf der alten Wachauer Straße sieht man schon das markante Franzosendenkmal, hinter der Bahnstrecke gelegen.
Im Jahr 1805 fand vor Loiben ein entscheidendes Gefecht der verbündeten Österreicher und Russen gegen die Franzosen statt, die hier gegen die Truppen Kaiser Franz' eine Niederlage erlitten und den Ort stark verwüsteten. Ein Jäger aus Dürnstein führte damals die kaiserlichen Einheiten durch geschützte Weingartenwege unbemerkt nach Loiben, wo dann dieser siegreiche Kampf stattfand. An die Geschehnisse erinnert das Franzosendenkmal unterhalb der Ried Höhereck an der alten Wachauer Straße mit Blick auf die Burgruine von Dürnstein. Westlich vom Franzosendenkmal - etwa 150 m Luftlinie - befindet sich der berühmte Kellerberg mit seinen breiten Terrassen und davor das Barockjuwel „Kellerschlößl Dürnstein" der Freien Weingärtner. Von Mitte April bis Mitte September kann man hier an Führungen und Verkostungen teilnehmen (s. S. 52). Steile Terrassen kennzeichnen diese Ried, die sich am südöstlichen Abhang des Dürnsteiner Schloßbergs befindet. Wenn Sie die Bahngleise hinter dem Betriebsgebäude der Freien Weingärtner überqueren, führt ein asphaltierter Weg direkt hinauf auf den Kellerberg. Hält man sich gegen Westen, wird man einen kleinen Aussichtsplatz mit einer Parkbank finden. Hauptrebsorten in dieser Ried sind Grüner Veltliner und Riesling, weltberühmt für ihre Qualitäten. Zu Dürnstein gehören auch die Ortschaften Ober- und Unterloiben, von deren Winzern einige mittlerweile Weltruhm

erlangt haben. Klimatisch wirkt sich der pannonische Einfluß in der Wachau hier durch die Öffnung des Donautals nach Osten am stärksten aus. Das ergibt in der Regel kräftige, aber auch fruchtige Weine, je nach Jahrgangsqualität.

Idyllisches Unterloiben

Rieden Schütt - Loibenberg

Ausgangspunkt ist der große Parkplatz, der gleich an der alten Wachauer Straße liegt. Auf dieser geht man nun Richtung Osten beziehungsweise Ober- und Unterloiben bis zum Franzosendenkmal. Östlich vom Franzosendenkmal, donauabwärts gelegen, befindet

sich die berühmte Ried Schütt, hinter dem Bahndamm. Eine alte, sehenswerte Steinbrücke führt mitten durch diese Ried und über die Bahnstrecke hinein in den Mähntalgraben, wo sich ein längerer Spaziergang lohnt. Von hier aus kann man auf verschlungenen Wegen in den Rieden auch zurück nach Dürnstein oder nach Unterloiben gelangen. 1379 wurde die Schütt erstmals an der Grenze zwischen Dürnstein und Loiben genannt.
Östlich der Ried Schütt liegt der imposante Loibenberg. Als Weinlage existiert er seit 1384. Hauptsächlich Riesling und etwas Grüner Veltliner sind hier ausgepflanzt. Wer gut bei Kondition ist, kann diese Ried zu Fuß erklimmen.
Läßt man das Franzosendenkmal zu linker Hand liegen und geht die alte Wachauer Straße weiter, sieht man zur rechten Hand, in Blickrichtung Donau, die Weingärten (Ried Unter- und Obersatzen) von Loiben und hinter ihnen die beiden Ortsteile Unter- und Oberloiben. Hier liegen nahe der Donaustraße die Frauenweingärten, die ursprünglich Eigentum des Clarissinnenklosters waren. Mauerreste des Klosters befinden sich im Garten des Dürnsteiner Hotels „Richard Löwenherz“ (s. S. 54).
Fast am Ende der alten Wachauer Straße stehen die Gebäude der Winzergenossenschaft Loiben (s. S. 51), wo der Besucher unter der Woche im sehenswerten alten Felskeller eine Kostprobe zu sich nehmen kann. Geht man etwa 150 m weiter und hält sich links, Richtung Donaustraße, hört das Weinbaugebiet Wachau auf. Die Ried Pfaffenberg hinter dem Rothenhof, ein markanter Felsen, schroff hinunter zur Bahnlinie abfallend, gehört schon großteils zum Weinbaugebiet Krems.
Wer nach diesem Spaziergang Hunger verspürt, findet in Unterloiben eines der besten Wachauer Restaurants, den Loibnerhof, (s. S. 54).

Winzer und Heurige

Leo Alzinger
3601 Unterloiben
Telefon u. Fax: 02732/7 79 00
Es werden Weingärten in den Loibner Rieden Hochstrasser, Steinertal, Mühlpoint und Loibenberg sowie in den Dürnsteiner Lagen Höhereck und Hollerin bewirtschaftet, die mit den Sorten Grüner Veltliner und Riesling bepflanzt sind. In den Frauenweingärten steht außerdem Chardonnay. Leo Alzinger achtet darauf, die Weine mit passender Säure und Finesse zu produzieren und nicht unbedingt alle im hohen Gradationsbereich.

Winzergenossenschaft Dinstlgut Loiben
3601 Unterloiben 51
Telefon: 02732/8 55 16-0
Fax: 02732/8 55 16-25
Seitdem Dr. Walter Kutscher im Jahr 1994 das Ruder übernommen hat, geht es mit den Qualitäten dieser einst bedeutsamen Genossenschaft aufwärts. Lagenweine aus den Sorten Riesling und Grüner Veltliner (Loibenberg, Mühlpoint, Schütt, Kremser Pfaffenberg) überzeugen durch Fruchttiefe und klassische Herkunft.

Emmerich Knoll

3601 Unterloiben 10

Telefon: 02732/7 93 55-0

Fax: 02732/7 93 55-5

Die besten Rieden sind Loibenberg, Schütt und Kreutles; 40 Prozent mit Grünem Veltliner bepflanzt; ungefähr die Hälfte der Fläche ist mit Riesling bestockt.

Die Kellerphilosophie ist im positiven Sinn konservativ zu nennen. Erfreulich ist, daß die Smaragdweine von Emmerich Knoll erst im September in den Verkauf gelangen, um somit zumindest eine gewisse Reife zu erreichen.

Trotzdem sollten die Weine - auch Federspiele - gelagert werden, weil sie unter den Wachauern die meiste Entwicklungszeit brauchen, um sich zu entfalten. Welches Potential in ihnen steckt, zeigen Verkostungen älterer Jahrgänge aus der sorgfältig angelegten Vinothek.

Knoll-Weine sind leicht erkennbar an den eigenwilligen bunten Etiketten, auf denen der heilige Urban, der Schutzpatron der Winzer, zu sehen ist. Das Originalbild befindet sich im äußerst empfehlenswerten Restaurant von Emmerich Knolls Cousin Josef schräg vis-à-vis des Weinguts.

Freie Weingärtner Wachau

3601 Dürnstein107

Telefon: 02711/3 71-0

Fax: 02711/3 71-13

Neben „einfachen" Weinen, zum Teil auch aus Rebflächen am rechten (südlichen) Donauufer, werden alljährlich reinsortige Federspiele und Smaragde vinifiziert und nach Lagen getrennt abgefüllt. Die Freien Weingärtner bieten aber auch Weine aus Spitzenrieden wie Tausendeimerberg, Singerriedel, Achleiten oder Kellerberg an. Neben hochgeschätzten Weinen aus den genannten Lagen werden die der Bürgerspitalsstiftung, die Jahr für Jahr gute bis sehr gute Qualitäten erbringen, üblicherweise nur wenig beachtet - leider.

Franz Xaver Pichler

3601 Oberloiben 27

Telefon u. Fax: 02732/8 53 75

Die Weingärten befinden sich u. a. in der berühmten Ried Kellerberg in Dürnstein, wo Grüner Veltliner und Riesling ausgepflanzt sind. Insgesamt nimmt der Grüne Veltliner etwa die Hälfte der Rebfläche ein, Riesling 30 Prozent, und ungefähr je 10 Prozent sind mit Gelbem Muskateller und Sauvignon blanc bestockt. Die Weine werden noch vor dem Sommer abgefüllt. In den „Verkauf“ kommen sie oft nicht mehr, weil sie meist restlos ausreserviert sind, zumindest die Spitzenweine. Fündig werden kann man in Vinotheken und in den Weinkarten vieler Restaurants.

Reife Rieslingtraube

Weingut Franz Schmidl

3601 Dürnstein 21

Telefon: 02711/2 24-0

Fax: 02711/2 24-9

Der Traditionsbetrieb wird vom Winzer und Bäcker Franz Schmidl, in zweiter Funktion bekannt für seine köstlichen Wachauer Laberl (eine Art Brötchen) geführt. Bekannt ist er auch durch seine Weine aus den ausgezeichneten Rieden wie Küß den Pfennig, Schütt oder Kellerberg

Heuriger Michael Schweighofer

3601 Oberloiben 11

Telefon: 02732/8 43 37

Kleiner, rustikaler Heuriger mit ruhiger Laube und Kellerstüberl; nur kalte Jausengerichte, z. B. Hausgeselchtes; gute Weine; Ausschankzeiten auf Anfrage; Lage/Erreichbarkeit: Beim Franzosendenkmal von Dürnstein kommend rechts abbiegen, dann wieder die nächste Straße links Richtung Oberloiben - nach etwa 150 m auf der rechten Seite; eigener Parkplatz.

Heuriger Paul Stierschneider - Urbanushof

3601 Oberloiben 17

Telefon: 02732/7 27 50

Wachauer Winzerhaus mit Statue des Hl. Urbanus als Hauszeichen; gemütliche Stüberln, Innenhof und Garten, von dem aus man die Ruine Dürnstein sehen kann; kalte Heurigenschmankerln, Käseplatte Ausschankzeiten auf Anfrage; kleiner Parkplatz.

Kellerschlößl und Ruine Dürnstein

Unterkunft und Essen

Romantikhotel „Richard Löwenherz"
3601 Dürnstein 8
Telefon: 02711/2 22-0
Fax: 02711/2 22-8
71 Betten; Restaurant, Klostergarten mit Schwimmbecken, Terrassenblick auf die Donau und feines Hotel.

Hotel Schloß Dürnstein
3601 Dürnstein 2
Telefon: 02711/2 12-0
Fax: 02711/2 12-30
Die nobelste Adresse in der Wachau mit 3 Suiten und 72 Betten.

Gasthof „Sänger Blondel"
3601 Dürnstein 64
Telefon: 02711/2 53-0
Das Haus liegt gegenüber dem alten Clarissinnenkloster. 31 Betten; bodenständige Küche zu fairen Preisen; mitten in Dürnstein. Eine gute Adresse für Radfahrer.

Restaurant Loibnerhof
3601 Unterloiben 7
Telefon: 02732/8 28 90-0
Nicht nur deutsche Restauranttester schwärmen von der „hinreißenden, bürgerlich-bodenständigen Küche",

mit der Patron Josef Knoll und Cousin des Spitzenwinzers Emmerich Knoll seine Gäste bewirtet. Seine Gerichte wie hausgemachtes Gänseleberparfait, Wachauer Fischsuppe - Fischgerichte sind mehr als empfehlenswert, - ein Blick ins Aquarium wird zum Indiz - oder Hollerkoch zum Dessert zählen schon längst zu den Wachauer Klassikern.
Ein schöner, großer Gastgarten, vorzügliche Weinauswahl, perfekter Service laden immer ein, hier zu verweilen. Während der Wintermonate kann man in den Stuben des 400 Jahre alten Gasthofes vis-à-vis über der Straße Platz nehmen.

Information und Tips

Stadtgemeinde Dürnstein
Telefon: 02711/2 19-0
Fax: 02711/4 42

Tourismusverband Wachau-Nibelungengau
Undstraße 6
3500 Krems
Telefon: 02732/8 56 20
Fax: 02732/8 74 71
Die zentrale Auskunftstelle. Jeweils ein alljährlich aktualisierter Heurigenkalender und Fahrradinformation (Verleih- und Reparaturstellen) der Weinbaugebiete Wachau/Kremstal (Wachau - Nibelungengau) und viele weitere Prospekte liegen auf.

Stift Dürnstein
Information
Stift 1
3601 Dürnstein
Telefon: 02711/3 75
Das sehenswerte barocke Kellerschlößl in Dürnstein, von Jakob Prandtauer erbaut, dient den „Freien Weingärtnern Wachau“ (s. unter Winzer) für Veranstaltungen.

Internet: http://tiscover.com/wachau

Mautern

Mautern ist einer der ältesten Weinbauorte Österreichs. An der Stelle der Stadt stand das römische Lager, später die Stadt Favianis. Im 5. Jh. wirkte von hier aus der hl. Severin, von dem es bei Eugippius heißt, daß er sich in die Weinberge zurückzog. Etwa 170 Hektar Weingärten werden derzeit bewirtschaftet, zu 90 Prozent sind sie mit weißen Rebsorten bepflanzt. Mautern erreicht man vom nördlichen Donauufer aus, von Dürnstein kommend, in östlicher Richtung über die Donaubrücke. Wer aus Richtung St. Pölten anreist, biegt vor der Kremser Donaubrücke Richtung Mautern ab. Von hier aus kann man entweder die Wachau am Südufer der Donau in Richtung Rossatz und Mauternbach besuchen oder sich in Richtung Stift Göttweig ins Weinbaugebiet Kremstal begeben. Einen wunderbaren Ausblick über die Wachau erhält man von der Ferdinandswarte, die entweder über Mauternbach, Unterbergern oder direkt von der Donaustraße (Donauleiten) aus erreichbar ist.

Blick auf Mautern Richtung Donautal

Winzer und Heurige

Nikolaus Saahs (Nikolaihof)
Nikolaigasse 3
3512 Mautern
Telefon: 02732/8 29 01
Fax: 02732/7 64 40

Der Nikolaihof ist seit 1894 im Besitz der Familie Saahs und kann als eines der ältesten Weingüter Österreichs gelten; die ältesten Mauerteile des Anwesens stammen wahrscheinlich aus der Zeit der römischen Besiedlung. Der Großteil der Weingärten des Nikolaihofs liegt in Mautern; in der Ried Burggarten soll einst für Karl den Großen ein Feldlager aufgebaut gewesen sein. Die beste Ried ist der mit Riesling bestockte Steiner Hund am anderen Ufer der Donau in Krems-Stein, sie zählt zum Weinbaugebiet Kremstal.

Wurden die Weingärten schon seit vielen Jahren nach biologischen Grundsätzen bearbeitet, so sind Nikolaus Saahs und seine Frau Christine heute stolz darauf, das erste Weingut in Österreich zu sein, das - mit strengen staatlichen Kontrollen - das Bio-Zeichen auf seinen Etiketten seit dem Jahrgang 1994 verwenden darf.

Christine Saahs führt den Heurigen im Weingut; auch bei den Speisen wird auf biologische Lebensmittel Wert gelegt, und einige Produkte - wie zum Beispiel Essig - stellt sie selbst her.

Unterkunft und Essen

Genießerhotel
Elisabeth Wagner-Bacher
Hotel & Restaurant
Südtirolerplatz 2
3512 Mautern
Telefon: 02732/8 29 37-0 od. 8 54 29
Fax: 02732/7 43 37
Schönes Hotel im Landhausstil; eines der besten Restaurants Österreichs; weinkulinarische Wochenenden.

Information und Tips

Römermuseum „im Schüttkasten"
Schloßgasse 12
3512 Mautern
Telefon: 02732/8 11 55
In der ehemaligen Margarethenkapelle sind Funde des römischen Legionslagers Favianis ausgestellt: Reste der römischen Stadtmauer, von Römertürmen und der Römerstraße.

Gemeindeamt Mautern
Rathausplatz 1
3512 Mautern
Telefon: 02732/8 31 51-0

Rossatz-Arnsdorf

Rossatz liegt am südlichen Donauufer gegenüber von Dürnstein unterhalb des Dunkelsteiner Waldes und ist sowohl von Melk als auch von Dürnstein, Krems oder St. Pölten leicht erreichbar.
Mit 200 Hektar Weingärten ist dieser Ort die größte Weinbaugemeinde am rechten Donauufer. Die Lehm- und Lößböden sind fetter als am anderen Ufer. Hauptrebsorte ist der Grüne Veltliner.

Information und Tips

Gemeindamt Rossatz
3602 Rossatz Nr. 29
Telefon: 02714/62 17
Fax: 02714/62 49

Statue des hl. Nepomuk

Rebsorten in Niederösterreich

Die wichtigsten Rebsorten sollte man kennen, denn: Verständnis erhöht den Genuß. Zur Weinerzeugung dient die Edelrebe mit der botanischen Bezeichnung „Vitis vinifera L. sativa", von der es auf der ganzen Welt etwa 8.000 Sorten und in Österreich circa 200 gibt. Wenn Sie Weinstöcke mit dunkelgrünen Blättern sehen, handelt es sich in der Regel um blaue Sorten, mit hellgrünen Blättern um weiße. Im Herbst verfärben sich die Blätter in rote Farben - blaue Sorten; in gelbe Farben - weiße Sorten.

Blauer Burgunder/Pinot noir

Wird insbesondere in Niederösterreich und im Burgenland ausgepflanzt. Vinifiziert wird er durchwegs trocken; im Gegensatz zum Pinot aus Burgund ist der österreichische durch seinen geringeren Gerbstoffanteil milder im Geschmack, weicher und fruchtiger. Je

Herbst in der Wachau

nach Ausbauweise - ob klassisch oder in Barriques (kleine Eichenfässer) - reifen Blauburgunder hierzulande zwischen drei und sechs Jahren ihrem Höhepunkt entgegen; die besten können Jahrzehnte lagern.

Blauer Zweigelt (Rotburger)

Diese Rebsorte - benannt nach dem Züchter Prof. Dr. Fritz Zweigelt, ehemaliger Direktor der Weinbauschule Klosterneuburg - ist eine Kreuzung von St. Laurent und Blaufränkisch aus dem Jahr 1922. Sie ist die meistausgepflanzte Rotweinsorte in Österreich und in fast allen Weinbauregionen zu finden. Die Qualitäten sind sehr unterschiedlich. Der Zweigelt kann bei weitgehender Ertragsbeschränkung dichte, fruchtige Weine ergeben, die selbst die Vinifizierung in Barriques vertragen.

Chardonnay

Der Chardonnay wurde in Österreich lange Zeit - gesetzlich auch bis 1993 - mit dem Weißen Burgunder gleichgesetzt und ist in den letzten Jahren modisch geworden.

Gemischter Satz

Der traditionelle „Gemischte Satz", der für Schankweine gang und gäbe war und teilweise heute noch ist, wird aus Trauben verschiedener Sorten gekeltert, die in einem Weingarten gemischt stehen und gemeinsam gelesen und ausgebaut werden.

Grüner Veltliner

Über die Herkunft des Grünen Veltliners lassen sich keine genauen Angaben machen. Ihre besten Voraussetzungen findet die Sorte in Niederösterreich: in der Wachau, in Krems, im Kamptal, teilweise am Wagram und im Weinviertel.

Der Anteil des Grünen Veltliners an der österreichischen Rebfläche beträgt mehr als ein Viertel (19.000 Hektar - im Vergleich dazu: 1967: 9.900 und 1987: 20.770 Hektar).

Malvasier (Frühroter Veltliner)

Der Malvasier stammt wahrscheinlich aus dem norditalienischen Valtellina und ist eine der ältesten in Österreich gezogenen Sorten, die ursprünglich meist im Mischsatz „versteckt" war. Heute werden reinsortig leichtfruchtige, säurearme Weine gekeltert, die trotzdem teilweise überraschend gut altern können. Der Großteil kommt aus dem Kamptal, aber auch aus dem Weinviertel und dem Donauland. Mit dem Grünen Veltliner ist er nicht verwandt.

Müller-Thurgau (Riesling-Sylvaner)

Diese Sorte wird üblicherweise, vor allem im Burgenland, für niveaulose Massenweine verwendet. Sie ergibt aber bei reduziertem Ertrag auch rieslingähnliche Weine, die vor allem im Aroma eine typische Pfirsichnote haben. Im höheren Kabinett- und Prädikatsweinbereich, wie bei Eiswein, ist eine längere Lagerung gut möglich.

Neuburger

Er ist eine österreichische Rebe, möglicherweise eine Kreuzung von Weißburgunder und Sylvaner; vom Geschmack her bestehen Ähnlichkeiten mit dem Burgunder, vom Aussehen der Rebe und der Traube mit dem Sylvaner. Der Neuburger fällt durch eine angenehme Säure auf, hat einen nußartigen Geschmack und ist ein ebenso hervorragender wie unterschätzter Essensbegleiter.

Riesling/Weißer Rheinriesling

Seine genaue Herkunft ist unbekannt; die Bezeichnung „Rheinriesling" ist jüngeren Datums und wird zur Unterscheidung von „Welschriesling" verwendet, der aber nicht zur Familie der Rieslinge zählt.

Roter Veltliner

Ist trotz seiner ehemalig weiteren Verbreitung heutzutage noch rarer als der „Frührote Veltliner", obwohl die Weine bei Ertragsminimierung oft interessanter sind.
Er hat seine größten Anbauflächen in Niederösterreich: im Weinviertel, am Wagram, in Krems und Gedersdorf - von hier stammen die besten Qualitäten - und läßt sich trocken wie auch süß ausbauen und teilweise lange lagern.

Weißburgunder (Pinot blanc)

Im Burgenland und im Kamptal, vor allem in Langenlois und Straß, weniger jedoch im übrigen Niederösterreich, mitunter auch in der Steiermark, werden ausgezeichnete Weine aus dieser Sorte gekeltert. Sie sind überwiegend trocken, gelegentlich als Cuvée mit anderen Vertretern aus der Burgunderfamilie erzeugt.

St. Laurent

Die Sorte zeichnet sich durch ein feinfruchtiges Bukett aus, das an Sauerkirschen, Weichseln, erinnert und im Alter mitunter an reife Burgunder. Reinsortig und traditionell ausgebaut, erreichen die Weine meist nach zwei bis fünf Jahren ihren Höhepunkt.

Gföhl
Ganshalt
-DROSS
Kirchbühel
Im Breiten Reis
Schwarze Wand
SENFTENBERG
PRIEL
382
Satz
376
Hochsatzen
Ebritzstein
Hausbergen
Auf der Höhe
STRATZING-
(352)
Im großen
Ehrenfels
R. Senftenberg
Emerlingtal
427
Schatzwand
266
374
Kiesling
Gärtling
Hochäcker
Kreuzschragen
Krems
Rammeln
Pellinger
Pfenningberg
Gartl
Galgenberg
486
HOFSTATT
IMBACH
374
Limberg
Scheiblberg
Burgtal
229
Scheibelberg
GRIES
PLATZL
322
GOLDBERG
PULFERTUR
Im Berg
Spitaller
Frauenbachtal
Fh. Waldhof
Frauenbach
Goldberg
REHBERG
Pestkreuz
Partschen
Kerschbaum
Lilienfeldberg
Maißberg
Auf der Haid
Frechau
337
Kühberg
332
Schießstätte
Grillenbg.
SANDGRUB
Holzgasse
Sandgrube
Neuberg
Kremsleithen
Oberer Weinzierlberg
SOMMERLEITEN
KREMSLEITEN
Spiegel
EGELSEE
(400)
ALAUNTAL
Kraxen
Kuhberg
Kremserl
In der Gais
Sommerleithen
398
AM STEINDL
Weinzierlberg
Faucha
Wachtberg
Rotes Kreuz
Alauntal
Kögl
KREMS
a. d. Donau (203)
Donauwarte
450
Reisperbach
Weinbaugebiet Wachau
Schreck (Steiner)
Braunsdorf
Goldberg
Danzern
Wieden
Kloster Und
Bhf.
Pitschental
Grillenpartz
Hinter-Kirchen
REISPER-BACHTAL
Hund
DONAU
Gaisberg
Altenburg
STEIN
a. d. Donau
(199)
203
Steiner Pfaffenberg
Bhf.
FÖRTHOF
Fladnitz
Dürnstein,
Spitz an der Donau
Rossatz
Unter Ziestel
Obere Ziestel
PALT
(200)
Innausen
Zaum
Bhf.
206
Hochrain
Neuberg
Langstampf
Höhlgraben
Satzen
Katzengraben
Hintere Pointen
OBERFU
Silberbügel
Oberfeld
FURTH
bei Göttweig
Steiner Point
Höhlgraben
255
Seeb
Hadratstall
Hohenäcker
Gottschelle
Acker Leithen
214
Obere Pointen
Pannholz
Steinling
Schlucht
AIGEN
230
Hals
Stift Göttweig
STEINAWEG
SW.
425
Panh
KLEINWIEN
308
Predigtstuhl
Waxenberg
PAUDORF
Schwarze Lacke
Heugraben
257
Sandplatz
Adalbertrast
385
Eichberg
Hörfarthgr.
Sieben Marksteine
393
Tannenboden
Hirschberg
St. Pölten
N
W
O
S
0 250 500 750 1000 1500 2000 2500 m

KREMSTAL

Langenlois
Weinbaugebiet Kamptal
Hadersdorf am Kamp
Heide
Satzen
Innere Satz
Weitgasse
Tiefenthal
Steingraben
Spiegeln
Zehetnerin
Mosburgerin
Wieland
Vordern Berg
271
Reisenthal
312
Paschingerin
Marchgasse
Eben
Neusiedeln
Leimern
Wind-leiten
Meisel-äckern
Im Paschingerin
Weingut
Im Gebling
Leisern
Im Saherken
Im Inneren Thalland
Im Talheim
GEDERSDORF
BRUNN im Felde
195
Obere-
-Ganslgasse
Untere-
196 Leimbacher
In der Sutten
ROHRENDORF
194
194
STRATZDORF
LERCHENFELD
VOEST Alpine Krems
195
NEUWEIDLING
Grafenwörth, Tulln
NEUSTIFT a. d. Donau
193
194
Kremser Hafen
197
ALTWEIDLING
192
Steinriegel
SCHLICKENDORF
191
Almerfeld
DONAUDORF
Herzogenburgerin
Neureut
Kläranlage
Jungau
Krems
196
194
THEISS
Schinderau
Beim Fieglkreuz
Theißer Au
Krw. Theiß
194
DONAU
THALLERN
Riedhaufenau
Wurmsaumlacke
Wurmsaum
Steinplatten
Marktwasser
Schweren Zapfen
235
ANGERN
Schl. Wolfsberg
Ruine Bertholdstein
209
HOLLENBURG
(207)
Brunn-graben
Wolfsberg
Lusthausberg
KLEEDORF
Hollenburgern
In Schrötten
Holzäcker
Erdschüssl
AM GLOCKENBERG
Kleedorf
KREMSER KOGL
In Schiefern
Neubergern
Point
Kogl
Schiffberg
367
Wetterkreuz
Langen-Hadinger
Traismauer, St. Pölten
Neubergen
Leiten
Hopfengrund
TIEFENFUCHA
Eich-bühel
Mitter-weg
261
Am Sand
Goldbühel
KRUSTETTEN
Brunnleiten
345
Dreikreuz
Weinbaugebiet Traisental
Stauden
Höbenbach
Himmelreich
HÖBENBACH
302
Eichholz
Weißes Kreuz
KREMSTAL

Das Weinbaugebiet Kremstal ist für seine Weine und die Altstadt von Krems berühmt. Schon im frühen Mittelalter war Krems einer der Hauptorte des niederösterreichischen Weinbaues, die Weinbergterrassen reichen auch heute noch bis an das Stadtgebiet heran. Die Weinhauer organisierten sich bereits sehr früh, aus dem Jahre 1447 ist eine Hauerzeche unter dem Namen „Weinzürl" verzeichnet.

Über das „Machen" von Wein geben nur wenige Weinbücher eine präzise Auskunft. Kein Wunder, denn fast jeder Winzer hat seine eigenen Methoden, die er nicht preisgibt. In der Theorie klingt die Weinherstellung einfach, in der Praxis ist sie allerdings sehr schwer nachzuvollziehen.

Dabei scheint alles so einfach: Wein ist das Produkt des Bodens, der Reben und der Sonne, die für die Bildung des Traubenzuckers maßgebend ist. In Nordafrika etwa gibt es keine guten oder schlechten Weinjahre. Dort sind die Weine immer gleich. Der interessanteste Wein wird jedoch in jenen Gegenden produziert, wo man niemals ganz sicher ist, wie das Wetter sein wird. Zu diesen Gebieten zählt auch das Kremstal. Der größte Teil dieser Weinbauregion liegt nördlich der Donau und gehört zum Waldviertel. Die Bodenformation des Waldviertels ist über eine Milliarde Jahre alt. Die einzeln in der Landschaft aufragenden sagenumwobenen Steine, die Restlinge, und Steinformationen sind Reste eines Gebirges, das einstmals höher als die heutigen Alpen war.

Von der Völkerwanderung bis ins 9. Jahrhundert lag der Weinbau in Niederösterreich danieder. Die eingewanderten Bayern und

Franken nahmen sich seiner wieder an, in den Aufzeichnungen des Bistums Passau werden für das Jahr 973 eine Reihe von Weingärten für das Kremstal bezeugt. Fast überall, wo es Wein gibt, findet man in der Geschichte einen unmittelbaren Zusammenhang mit den bayrisch-salzburgischen Klöstern als Begründer der österreichischen Weinkultur. Die Bischöfe aus Salzburg und Bayern ließen die ihnen vom Landesherrn verliehenen Ländereien, zu denen sehr oft verödete Weingärten gehörten, wieder kultivieren und neue Weingärten anlegen. Die Tradition der bayrischen Lesehöfe in Österreich läßt sich bis ins 9. Jahrhundert zurückverfolgen. Bereits 892 veranlaßte Kaiser Arnulf bayrische Siedler, sich entlang der Brünner Straße im Weinviertel niederzulassen und den Weinbau über Wolkersdorf und Poysdorf bis in das Gebiet des heutigen Tschechien zu kultivieren.

Im Zuge der zweiten bayrischen Besiedelung durch Kaiser Heinrich im Jahre 991 wurde der Weinbau weiter ausgedehnt, und die Gebiete um Retz, im Weinviertel, und Langenlois, im Kamptal, als Weinbaugebiete erschlossen. Die Wachau, Krems, Langenlois - also die Gebiete entlang der Donau - waren ausschließlich bayrisch besiedelt. Über mehrere Jahrhunderte hindurch kam es somit zur Gründung von zahlreichen Lese- und Wirtschaftshöfen, von denen viele noch erhalten sind, wie etwa der Chiemseehof in Krems, der heute als Straubenhof bekannt ist. Die Ursache der Weinkultivierung war profaner Natur - die Klöster benötigten Meßwein. Allein in der näheren Umgebung der Stadt Krems hatten bis zum 16. Jahrhundert 42 Klöster Weingärten als Stiftungen zuerkannt bekommen oder gekauft, allein 16 davon zwischen 1120 und 1194.

Blick auf Krems-Stein

Krems-Stein

Wo das enge Durchbruchstal der Donau sich weitet, liegt die Stadt Krems-Stein, das „klassische Tor zur Wachau". Schon zwischen den Jahren 1250 und 1850 bildeten Krems und Stein eine Verwaltungsgemeinschaft, seit 1939 sind sie wieder eine Gemeinde.

Hier beginnt das 1993 gesetzlich definierte Weinbaugebiet „Kremstal" mit knapp 2.500 Hektar Rebfläche, zu dem außer der Stadt Krems-Stein das östlich davon gelegene Rohrendorf sowie Gedersdorf zählen, weiters die Orte im eigentlichen Tal des Flüßchens Krems - wie Senftenberg -, sowie am rechten, südlichen Ufer der Donau - überragt vom weithin sichtbaren Benediktinerstift Göttweig - Hollenburg, Göttweig und Furth-Palt.

Die Stadt ist leicht erreichbar. Von der Westautobahn, der A 1,

Ausfahrt Knoten St. Pölten oder von Wien aus über die Donauuferautobahn A 22, Ausfahrt Stockerau West. Der schönste Anfahrtsweg führt über die Wachau, ausgehend von der Autobahnausfahrt Melk auf der A 1.
Im Kremstal wirkt sich teilweise der Einfluß des milden pannonischen Klimas aus dem Osten aus. Allerdings verliert sich diese Strömung etwas, die Witterung ist rauher, kühle Winde aus dem Waldviertel fallen ein.
Um die Stadt Krems und im Kremstal bestehen die Böden überwiegend aus kristallinem Verwitterungsgestein, teilweise von Löß - eiszeitlichem Flugsand - überlagert. Um Rohrendorf und Gedersdorf erreicht der Löß eine Mächtigkeit von mehreren Metern. An der Donau herrschen sandig-schottrige Schwemmböden vor. Hier befinden sich auch die interessantesten Rotweingärten des Kremstals. Die natürlichen Voraussetzungen in Krems sind am besten für weiße Rebsorten, insbesondere für Grünen Veltliner und Riesling geeignet, aber auch Traminer und Weißburgunder können charaktervolle Weine erbringen.

Krems

Seit 1305 darf sich Krems laut seinem Stadtrecht eine Stadt nennen, nach dem „die Ehre der Stadt zu allermeist in den Weingärten liegt". In Krems, auch unter dem Namen „Cittá del Vino" bekannt, werden heute circa 1.000 Hektar Weingärten von Winzern bewirtschaftet, die in der Regel nicht mehr als ein Hektar ihr eigen nennen; nur sieben Prozent besitzen mehr als fünf Hektar. Als Hauptrebsorten haben sich auf den Hügeln um Krems Grüner Veltliner mit 65 Prozent und Riesling mit 10 Prozent durchgesetzt; auch der Traminer kann sehr gute Weine ergeben.
Anziehungspunkt ist die schöne Altstadt mit ihren gepflasterten Gassen und ihren kulturhistorischen Bauten. Ursprünglicher Bereich

der Stadt war der Hohe Markt, ein Dreiecksplatz mit einem Steilabfall hin zum Fluß Krems und zum mächtigen Strom der Donau. Die um 1257 erbaute Gozzoburg auf dem Hohen Markt ist ein Bauwerk des 13. Jh.s, ebenso das 1236 gegründete Dominikanerkloster mit frühgotischem Kreuzgang und zwischen 1263-1265 vollendeter Kirche (Chor 1320-1330). Das Kloster beherbergt nun das Stadtmuseum, das Weinmuseum und das Institut für Realienkunde des Mittelalters und der frühen Neuzeit. Aus der Renaissancezeit stammen das Rathaus, der kleine Passauer Hof in Stein sowie einige Bürgerhäuser in beiden Städten.

Das heute international anerkannte Zentrum in Krems für zeitgenössische Kunst bietet das ganze Jahr über die Möglichkeit, unter verschiedenen Ausstellungen zu wählen. Ein kultureller Fixpunkt ist das Niederösterreichische Donaufestival, das in den Festspielstädten Krems und St. Pölten (s. unter Traisental) alljährlich über die Bühne geht. Genauso die Niederösterreichische Weinmesse im Monat Mai.
Zur Verfügung stehen dem Besucher unzählige Rad- und Wanderwege, ein modernes Erlebnisschwimmbad, Segelboot- und Yachthafen sowie ein Flugplatz (Ballonfahrten, Wachaurundflüge).

Ried Pfaffenberg

An der Grenze zur Weinbauregion Wachau, der Ortschaft Rothenhof, befindet sich die Ried Pfaffenberg westlich von Stein; seit 1230 bekannt und berühmt, vor allem für den Riesling. Der Name Pfaffenberg stammt aus dem Volksmund. Früher war diese Ried zur Gänze im Besitz der Geistlichkeit und trug den Namen „Mons clericorum". Ein geflügeltes Wort war damals: „Der Kremser mag den Pfaffen nicht, jedoch den Pfaffenberger trinkt er gern."

Krems von der Ferdinandswarte aus

Den Pfaffenberg erreicht man entweder von der Wachau aus über Rothenhof oder über Förthof. Der beste Ausgangspunkt ist der Bahnhof von Stein-Mautern. Westlich des Bahnhofs, nach ca. 100 Metern, führt ein Weg direkt in die Ried Pfaffenberg hinein. Der Wanderer wird mit einem schönen Blick in die donauaufwärts gelegene Loibner Landschaft und auf den Loibnerberg belohnt.

Ried Steiner Goldberg

Vom Ausgangspunkt Bahnhof Stein-Mautern erreicht man die Ortschaften Stein und Krems über die Steiner Landstraße oberhalb der Donaulände. Auf dem kurzen, gemütlichen Spaziergang sollte man nicht die Gelegenheit verpassen, dem ehemaligen Kaiserlichen Mauthaus und der Pfarrkirche St. Nikolaus einen Besuch abzustatten. Sehenswert ist auch die Frauenbergkirche. Von hier aus genießt man einen wunderschönen Ausblick über die Donau Richtung Stift Göttweig. Gegen Ende der Steiner Landstraße befindet sich unübersehbar das Kremser Tor.
Überquert man die Dr. Dorrek-Straße - zur linken Hand befindet sich die moderne Kunst·Halle·Krems (s. S. 80) -, erreicht man über die hier weiterführende Steiner Landstraße nach etwa 300 Metern das Kloster Und (s. S. 80), das eine gute Anlaufstelle für nähere Informationen ist. Übrigens: Krems, Und, Stein sind drei Ortschaften! Einen weiteren Besuch wert ist das Weinstadtmuseum mit der archäologischen Sammlung, deren Mittelpunkt die 32 000 Jahre alte „Fanny vom Galgenberg" darstellt. Das Museum befindet sich in der ehemaligen Dominikanerkirche am Dominikanerplatz (s. S. 79). Eine umfangreiche Stadtwanderung sei in Begleitung des „Kremsmannes" empfohlen. Der „Kremsmann" ist nur ein paar Gramm schwer und ein kleines Tonbandgerät. Auf einer Kassette ist alles Wissenswerte über die Geschichte von Krems gespeichert. Erhältlich ist der „Kremsmann" im Informationsbüro in der Undstraße 6.
Nach diesen kunsthistorischen Exkursen geht es wieder in die Weinberge. Berühmt für seine Weinqualitäten ist die Ried Steiner Goldberg. Die Hauptrebsorten sind Grüner Veltliner, Neuburger

und ein wenig Riesling; Müller-Thurgau wurde hier 1926 zum ersten Mal in Österreich gesetzt. Den Goldberg erreicht man am besten über die Dr. Karl Dorrek-Straße, gleich bei der Kunst·Halle·Krems. Ihr folgt man Richtung Norden bis zur Steiner Kellergasse. In diese idyllische Gasse biegt man ein, einige Heurige bieten von Terrassen aus einen herrlichen Blick auf das Donautal, und spaziert auf ihr bis zum Steinspreng. Dieser Weg führt in die Ried hinein. Ausführliche Spaziergänge oder Radtouren lassen sich von hier aus starten.

Rieden Kögl - Wachtberg

Eine der besten Riesling-Lagen hierzulande ist der Kremser Kögl. Die Terrassenlage mit etwa 20 Hektar oberhalb des Kremser Kreuzbergs erbringt fast jedes Jahr überdurchschnittliche Weine. Die Ried erreicht man vom Ausgangspunkt Kunst·Halle·Krems von der Steiner Landstraße aus. Kurz vor der Bahnüberführung biegt man in die Anibas Promenade ein und folgt dieser bis zur Alauntalstraße. Dann wendet man sich auf dieser Richtung Osten, um nach hundert Metern in den Kögelweg einzubiegen, der in die Ried hineinführt. Östlich von der Ried Kögl liegt die Ried Wachtberg, die 1137 als „Wartberg" urkundlich erwähnt wird. Diese Ried ist mit der Ried Kögl durch einen Weg verbunden und leicht begehbar. An Sorten sind hier Grüner Veltliner, Müller-Thurgau, etwas Traminer und Frühroter Veltliner ausgepflanzt. Vom Wachtberg hinunter erreicht man Krems in kurzer Zeit. Von oberhalb der beiden Rieden Kögl und Wachtberg hat man einen schönen Blick hinunter in die Stadt Krems.

Ried Wieden

Die Ried Wieden, die 1112 erstmals als „in der Widen" erwähnt wurde, liegt praktisch mitten in der Stadt. Sie ist von einer Steinmauer umgeben und liegt östlich der Anibas Promenade, die von der Steiner Landstraße bei der Bahnüberführung abzweigt. Dieser Teil der Steiner Landstraße liegt zwischen dem Informationsbüro und der Kunst·Halle·Krems. Eine leichte Hanglage in südlicher Ausrichtung kennzeichnet die Ried Wieden, welche eine ausgezeichnete Lage für Grünen Veltliner darstellt. Sie wird leider in den nächsten Jahren verbaut werden. Man sollte die Gelegenheit nützen, diese hervorragende Lage jetzt noch besichtigen zu können.

Winzer und Heurige

Weinbau Wolfgang Aigner
Weinzierl 49
3500 Krems
Telefon: 02732/8 45 58
Die wichtigste Rebsorte dieses Betriebs ist der Grüne Veltliner, und besonders stolz ist Wolfgang Aigner auf eine der besten Lagen dafür, nämlich das Herzstück der Ried Sandgrube (nicht der sogenannten Großlage!), die in nordwestlicher Richtung unmittelbar nach der Autobahnausfahrt Krems Nord liegt und ebenfalls in absehbarer Zeit wohl verbaut werden wird. Im großen Holzfaß ausgebaut, entwickeln sich kräftige, würzige Weine.

Weinbau Leopold Geizenauer
Weinzierl 56
3500 Krems
Telefon: 02732/7 21 87

Ausklang beim Heurigen

Die heutige Rebfläche umfaßt 8 Hektar und befindet sich in den Rieden Gebling, Thalland, Sandgrube und Frechau. Die Hauptrebsorte ist Grüner Veltliner (Landessieger 1997), gefolgt von Riesling und St. Laurent.

Weingut der Stadt Krems
Stadtgraben 11
3500 Krems
Telefon: 02732/8 01-4 40
Fax: 02732/8 01-4 42
Der traditionelle Betrieb mit 32 Hektar Rebfläche wurde 1991 neu organisiert. Seit dieser Zeit ist Heinrich Redl Kellermeister und hat mit seinen Veltlinern und Rieslingen für einen Aufschwung gesorgt.

Weingut Undhof
Undstraße 10
3504 Krems
Telefon: 02732/8 32 26-0
Wie man Traditionen pflegt, ohne daß sie sich überleben oder verstauben, demonstriert Erich Salomon, Leiter des Weinguts „Undhof“ in Krems-Stein. Seit 1792 ist der Undhof auch Stammsitz der Familie Salomon. Nachdem sich sein Bruder Fritz für die Landwirtschaft im Gut Oberstockstall bei Kirchberg am Wagram entschieden hatte, über-

nahm Erich Salomon 1971 den Weinbaubetrieb. In den derzeit mehr als 20 Hektar Weingärten - der Großteil ist seit 1992 mit einer Tröpfchenbewässerungsanlage versehen - dominieren die Sorten Grüner Veltliner in der Ried Wieden und Riesling in den Rieden Pfaffenberg, Kögl und Steiner Hund; hervorzuheben sind auch der Weiße Burgunder und der trocken oder mit etwas Restzuckergehalt vinifizierte Traminer von der Ried Wachtberg. Letzterer gehört in bestimmten Jahren sogar zu den interessantesten in Österreich. Weinkultur ist nicht nur auf die Weinerzeugung beschränkt, sondern erstreckt sich auch auf die Verbreitung. Im August 1987 setzte Erich Salomon dafür einen Meilenstein. Er eröffnete das „Kloster Und" in unmittelbarer Nachbarschaft des Weinguts. Er hatte das verfallende Kloster renoviert und ein kleines Weinmuseum und Veranstaltungsräume eingerichtet - ohne staatliche Förderungen!

Weingut Ewald Walzer
Gneixendorfer Hauptstraße 16
3500 Krems
Telefon: 02732/8 71 48
Seit Ewald Walzer 1990 begann, den Ertrag seiner 7,5 Hektar Weingärten selbst zu verarbeiten und seit 1991 selbst zu vermarkten - vorher wurde an die Genossenschaft bzw. im Großgebinde verkauft -, kann von einem neuen vinologischen Lichtblick in dieser Region die Rede sein. Schwerpunkt ist der Grüne Veltliner mit einem Anteil von etwa zwei Dritteln, aber auch Riesling und Müller-Thurgau sind verkostenswert. Das Ambiente dazu: ein sehenswerter ehemaliger Klosterkeller aus dem 14. Jahrhundert mit einer Länge von 110 m. Gneixendorf liegt 1,5 Kilometer nördlich des Kremser Stadtzentrums und ist über die Langenloiser Straße Richtung Stratzing/Langenlois erreichbar.

Winzer Krems
Sandgrube 13
3500 Krems
Telefon: 02732/8 55 11-0
Fax: 02732/8 55 11-8
An sich müßte dieser Betrieb Vorbild der Region sein, wenn man bedenkt, daß zur Gesamtfläche von ungefähr 1.100 Hektar - unter anderem in Krems, Senftenberg und Rohrendorf - hervorragende Rieden wie der Pfaffenberg und Steiner Hund zählen. Zudem hatte die Genossenschaft früher einen guten Ruf. Nach einer langen Durststrecke scheint es jetzt

langsam, aber sicher wieder bergauf zu gehen, vor allem seit der engagierte Direktor Franz Ehrenleitner die Winzer Krems mit mehr als 1.800 Mitgliedern führt.

Weingut Alois Zimmermann
Obere Hauptstraße 20
3494 Theiß
Telefon: 02735/82 09
Erst vor wenigen Jahren entschied sich Alois Zimmermann, seinen Betrieb auf Qualitätsweinbau umzustellen. Ungewöhnlich für Österreich, beschäftigt er sich mit nur zwei Rebsorten: Riesling und Grünem Veltliner - dies aber auf gutem Niveau.
Der Ort Theiß liegt ca. 7 Kilometer östlich von Krems. Von der S 33, Abfahrt Krems Nord, kommend, überqueren Sie, geradeaus fahrend, die Wiener Straße und gelangen so in die Landersdorfer Straße, der Sie durch Ober- und Unterrohrendorf weiter durch Neu- und Altweidling folgen. Die nächste Ortschaft ist Theiß.
Von Krems direkt aus folgen Sie der Wiener Straße (B 35 Richtung Straß bzw. Hadersdorf) bis zur Autobahnauffahrt Krems Nord. Dort biegen Sie nach rechts ab Richtung Landersdorf, Oberrohrendorf.

Weingut und Heuriger Anton Zöhrer
Sandgrube 1
3500 Krems
Telefon: 02732/8 31 91-0
Eng verbunden mit der Lage Sandgrube ist dieses Weingut, das seinen Hauptanteil an Weingärten in dieser Riede hat. Schwerpunkt ist der trockene Grüne Veltliner, die beste Variante im Kabinettbereich kommt unter der Bezeichnung „Classic" in den Verkauf, die Spätlese als „Exclusiv". Der Heurige ist in den ungeraden Monaten geöffnet.

Unterkunft und Essen

Am Förthof - Gourmethotel
Helga Figl
Förthofer Donaulände 8
3500 Krems
Telefon: 02732/8 33 45-0 od. 8 13 48-0
Fax: 02732/8 33 45-40
Der romantische Förthof bietet regionale Küche, empfehlenswert sind die „Winzer-Menüs". Der Aufenthalt am Eingang zur Wachau ist angenehm; geschmackvolle Zimmer, Schwimmbad im ruhigen Innenhof und die reichhaltige Weinkarte können überzeugen.

Steigenberger Avance Hotel
Am Goldberg 2
3500 Krems
Telefon: 02732/7 10 10-0
Fax: 02732/7 10 10-50
„Das Landhaus im Weinberg“ liegt am sonnigen Goldberg über der Donau, inmitten von Rebhängen. Die kulinarische Tradition der Region spiegelt sich in den gemütlichen Weinstuben und im À-la-carte-Restaurant wider. Als genußvoller Relaxingbereich erweist sich die „Weinbergoase“ mit Innen- und Außenbecken, Whirlpool, Saunen, Dampfbad, Solarium, Schönheitsstudio und Therapieabteilung – 118 Zimmer und 10 Suiten.

Kunst·Halle·Krems

Gästehaus Wolfgang Aigner
Wolfgang und Helga Aigner
Weinzierl 49
3500 Krems
Telefon u. Fax: 02732/8 45 58
Ein seit 1994 modern eingerichtetes Gästehaus in zentraler Lage mit Weinbau (s. S. 76 unter Winzer).

Information und Tips

Haus des Niederösterreichischen Weines
Erlebnisweinkost-Vinothek / „Weinkolleg Kloster Und“
Undstraße 6
3504 Krems
Telefon: 02732/7 30 73
In den Kellergewölben des ehemaligen Kapuzinerklosters aus dem Jahre 1614 können über 120 Weine verkostet und direkt gekauft werden. Weinseminare werden angeboten. Verschiedene Kulturveranstaltungen.

WEINSTADTmuseum
Körnermarkt 14 / Dominikanerplatz
3550 Krems
Telefon: 02732/8 01-5 67
Das Dominikanerkloster zählt zu den bedeutendsten Klosterbauten des 13. Jahrhunderts in Mitteleuropa. 1971 wurde ein Teil der weitläu-

figen Anlagen neu präsentiert und in der Folge als Historisches Museum der Stadt Krems und Weinbaumuseum (1996) eröffnet.
Neben Kunstschätzen der Stadt Krems und archäologischen Funden vermittelt das Museum einen Einblick in die Tradition des Weinbaus. Im Verkostungskeller ist auf Wunsch eine Degustation möglich.

Kunst·Halle·Krems
Steiner Landstraße 8
3500 Krems
Telefon: 02732/8 26 69-0
Fax: 02732/8 26 69-16
Öffnungszeiten: Di. bis So. 10 bis 18 Uhr.
Wechselnde Themenausstellungen über Bildende Kunst, Fotografie, neue Medien, Global Art, Design und Musik.

Golfclub Lengenfeld
Am Golfplatz 1
3552 Lengenfeld
Telefon: 02719/87 10-0
Fax: 02719/87 38
Etwa 10 Kilometer nördlich von Krems befindet sich die 18-Loch-Anlage, die charakterisiert ist durch natürlich belassene Greens und Spielbahnen, umgeben von Weingärten und Wäldern.

Tourismusinformation der Stadt Krems
Undstraße 6
3504 Krems
Telefon: 02732/8 26 76
Fax: 02732/7 00 11
E-Mail: austropa.krems@netway.at
Zentrale Auskunftstelle. Zahlreiches Informationsmaterial. Hier erhalten Sie auch den „Kremsmann".

Internet: *http://www.tiscover.com/noe*
http://www.noe.co.at
http://www.krems.gv.at
http://www.krems.at

Niederösterreich-Information
Fischhof 3
Telefon: 01/5 36 10-62 00
Fax: 01/5 36 10-60 60
Hier erhalten Sie sämtliche Unterlagen - Prospektmaterial.

Radwandern

Bahnhof Krems / Österreichische Bundesbahnen
Bahnhofplatz 3
3500 Krems
Telefon: 02732/8 25 36-0
Die Adressen anderer Vermieter erfahren Sie über die Informationsstellen.

Senftenberg

Der Ort liegt im Kremstal am Fuß des sogenannten Schloßbergs und ist touristisch kaum erschlossen. Dem Weinkenner ist die Ortschaft schon eher geläufig, stammen doch von hier einige der besten Rieslinge und Grüne Veltliner aus dem Kremstal. Etwa 140 Hektar Weingärten sind zu mehr als 90 Prozent mit weißen Sorten bepflanzt. Zunehmend werden brachliegende Terrassen dieser in der Vergangenheit vernachlässigten Region für den Weinbau rekultiviert.
Man kann diesen Ort entweder per Auto von Krems aus östlich entlang dem Flüßchen Krems Richtung Gföhl über Rehberg und Imbach erreichen oder zu Fuß bzw. per Rad, was allerdings mehrere Stunden in Anspruch nimmt.
Der Ausgangspunkt für einen längeren Spazierweg ist die Steiner Pfarrkirche. Über die Frauenbergstiege stößt man am Rebentor auf die Wegtafel nach Senftenberg. Bei dieser Wanderung durch die Weinlagen geht es hinauf zur Donauwarte (450 Meter). Ein wunderschöner Ausblick belohnt diese Anstrengung. Der Weg führt über die Ortschaft Egelsee zur sogenannten Schießstätte, ab hier folgt man dem Waldviertler Weitwanderweg 606 bis zum Forsthaus Waldhof. Von hier aus erreicht man dann bald Senftenberg.

Genuß pur im Schatten

Ried Ehrenfelser

Zu Senftenberg gehört auch der Weinort Imbach, 2,5 Kilometer südöstlich von Senftenberg gelegen, ein guter Ausgangspunkt zu einem kürzeren Spaziergang im Kremstal Richtung Senftenberg. In Imbach befindet sich die zweitälteste zweischiffig angelegte gotische Hallenkirche Österreichs. Sie wurde um 1280 aus den Steinen der Burg Imbach erbaut. Besonders sehenswert ist die Renaissanceorgel. Oberhalb von Senftenberg erhebt sich eine Burgruine, zu der ein Fußweg hinaufführt. Zu Füßen dieser Ruine liegt die lange nicht bewirtschaftete Ried Ehrenfelser, die inzwischen mit Riesling und Grünem Veltliner neu bestockt wurde.

Ried Ehrenfelser mit Burgruine Senftenberg

Winzer und Heurige

Weingut Martin Nigl
Priel 8
3541 Senftenberg
Telefon: 02719/26 09-0

Wenn man die Weine der letzten Jahre verkostet, muß man dem jungen Winzer Martin Nigl bestätigen, daß er zu den großen Talenten zählt. Der Schwerpunkt liegt bei den Rieslingen, die im Rebsortenspektrum des Weinguts insgesamt 40 Prozent, genausoviel wie der Grüne Veltliner, ausmachen. Fast generell werden die Weine im Stahltank vergoren und auch ausgebaut, was die betont reduktiven Aromen und die verhaltene Frucht besonders in der Jugend erklärt, vor allem bei den Weinen aus den Lagen in Senftenberg mit hohem Anteil von Verwitterungsböden. Nigls große Weine sind gotischen Kathedralen vergleichbar: kolossal und elegant zugleich. Unbestritten erzielt Martin Nigl, einer der Aufsteiger der letzten Jahre, mit seinen Methoden Weine, die weit über dem Durchschnitt liegen. Der kleine Ort Priel liegt etwa eineinhalb Kilometer östlich von Senftenberg - abbiegen in Senftenberg.

Franz Proidl
Oberer Markt 5
3541 Senftenberg
Telefon: 02719/24 58-0
Fax: 02719/24 58-4
Franz Proidl hat dem elterlichen Betrieb in den letzten Jahren zu mehr Qualität und Ansehen verholfen.
Auf mehr als 11 Hektar werden Riesling, Grüner Veltliner, Müller-Thurgau, Frühroter Veltliner sowie Rotweine, vor allem St. Laurent und Zweigelt, kultiviert. Franz Proidl ist es zu verdanken, verlassene Steilterrassen der Ried Ehrenfelser neu kultiviert zu haben.

Unterkunft und Essen

Das Positiv Hotel Zierlinger
Oberer Markt 17
3541 Senftenberg
Telefon: 02719/22 43-0
Fax: 02719/23 63
Das Hotel Zierlinger befindet sich 7 Kilometer von der Stadt Krems und 4 Kilometer vom Golfclub Lengenfeld entfernt in Senftenberg. Bodenständige Küche mit ansprechender Weinkarte.

Information und Tips

Gemeindeamt Senftenberg
Tourismus- und Zimmerinformation
Neuer Markt 1
3541 Senftenberg
Telefon: 02719/23 19-0
Fax: 02719/23 19-18

Furth - Palt - Göttweig

Ein anderer Ausflug innerhalb des Weinbaugebietes Kremstal führt nach Stift Göttweig ans rechte, südliche Donauufer. Von Krems-Stein aus kommend erreicht man über die Donaubrücke die Ortschaft Mautern (s. Wachau) und anschließend die Marktgemeinde Furth,

Stift Göttweig

die am Fuß des Göttweiger Bergs - mit dem dominanten Benediktinerstift - und am Rande des Dunkelsteiner Waldes liegt. Vom Dunkelsteiner Wald her strömt in der Nacht kühle Luft in die Weingärten, was sich günstig auf das Bouquet im Wein auswirkt. Auf über 280 Hektar Rebfläche, davon 160 in der Ortschaft Furth, stehen zu 80 Prozent Weißweinsorten.

Das Benediktinerstift Göttweig liegt in 425 m Seehöhe. Das „Österreichische Montecassino" wurde 1083 gegründet und 1094 den Benediktinern übergeben. Die barocke Stiftsanlage wurde nach Plänen des Architekten Johann Lukas von Hildebrandt erbaut, aber nicht fertiggestellt. Nach den ursprünglichen Plänen des Architekten sollten Basteien, Torbauten und Auffahrten den ganzen Berg miteinbeziehen.

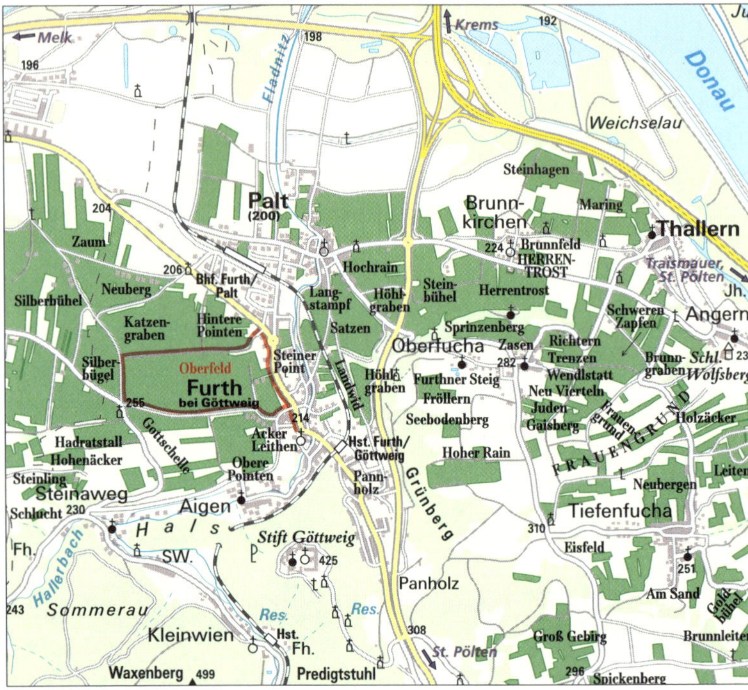

Die besonderen Sehenswürdigkeiten sind das Museum im Kaisertrakt, die Kaiserstiege mit dem Deckenfresko Paul Trogers aus dem Jahre 1739, die Fürsten- und Kaiserzimmer sowie die Stiftskirche mit der Krypta und dem teilweise erhaltenen Alten Kreuzgang. Für das leibliche Wohl bietet sich das Stiftsrestaurant mit seiner schlichten Küche an. Von der Aussichtsterrasse hat man einen einmaligen Panoramablick in die Wachau und auf Krems.

Ried Oberfeld

Nach dem Besuch des Stiftes bietet sich ein schöner Weinwanderweg, ausgehend von der Gemeinde Furth, an. Nördlich der Kirche Furths, an der Straße nach Mautern, in westlicher Richtung gelegen, befindet

sich die Ried Oberfeld, die man entweder umwandern kann oder von der aus sich weitere Wanderwege mitten in die Rieden hinein anbieten.
Die hauptsächlichen Rebsorten sind Grüner Veltliner, Riesling, Malvasier (Frühroter Veltliner) und diverse Burgundersorten.

Winzer und Heurige

Weingut Furtherhof
Wolfgang Unger
Zellergraben 245
3511 Furth bei Göttweig

Kelleramt Stift Göttweig
Kirchengasse 14
3511 Furth bei Göttweig
Telefon: 02732/8 58 95
Fax: 02732/7 68 01
Nachdem Wolfgang Unger 1987 als Pächter dieses große Weingut mit über 35 Hektar Weingärten übernahm, ging es mit den Qualitäten wieder bergauf, die durch Massenproduktion zu Beginn der achtziger Jahre vernachlässigt worden waren. Zusammen mit dem Kellermeister Johann Dockner begann Unger die Weingärten zu revitalisieren und den Keller zu modernisieren. So gefallen bei der umfangreichen Sortenvielfalt Riesling, Grüner Veltliner und Weißburgunder besonders.

Josef Maier - Geyerhof
Oberfucha, Ortsstraße 3
3511 Furth bei Göttweig
Telefon: 02739/22 59
Nach biologischen Grundsätzen erzeugen Ilse und Josef Maier feine, fruchtige Weißweine aus den Sorten Grüner Veltliner - die wichtigste Sorte im Betrieb -, Weißburgunder, Malvasier und Neuburger. Etwa ein Drittel der Weingärten ist mit blauen Sorten bepflanzt. Außerdem werden verschiedene Obst- und Weinbrände destilliert.
Im alten Gutshof gibt es auch einige Gästezimmer; die gemütliche Buschenschank mit großem Garten und Kinderspielplatz bietet dem Wanderer die Möglichkeit, in Ruhe zu rasten - die Speisen und Weine sind besonders empfehlenswert.
Oberfucha liegt ca. 2 Kilometer südöstlich von Palt und ist von dort aus über eine kleine Nebenstraße erreichbar.

Weingut Gerald Malat
Palt, Lindengasse 27
3511 Furth bei Göttweig
Telefon: 02732/8 29 34-0
Fax: 02732/8 29 34-13
In diesem Weingut hat man in den letzten Jahren enorme Investitionen nicht gescheut und sich nach und nach hochgearbeitet. Verantwortlich dafür ist Gerald Malat. Die Qualitätsbestrebungen von Senior Bründlmayer setzt Gerald Malat konsequent fort. Das beginnt im Weingarten - seit Ende der siebziger Jahre wird nicht mehr chemisch gedüngt - mit rigoroser Ertragsbeschränkung und Selektion.
Es folgen die kontrollierte, sanfte Pressung der Trauben und schließlich der sorgfältige und saubere Ausbau der Weine, ohne jedoch größere „Kunstgriffe" vorzunehmen. Insgesamt werden zur Zeit mehr als 25 Hektar Weinflächen bewirtschaftet, davon ist jeweils die Hälfte mit Rot- und mit Weißweinsorten bepflanzt.
Bei den weißen dominieren Grüner Veltliner und Riesling, bei den roten Cabernet Sauvignon, St. Laurent, Merlot und Blauer Burgunder. Letzterer, Mitte der achtziger Jahre gesetzt, ist einer der Lieblingsweine von Gerald Malat, auch wenn die Sorte höchste Anforderungen an den Winzer stellt, sei es im Weingarten, sei es im Keller. Ein trockener Sekt und verschiedene Brände komplettieren das Angebot.

Unterkunft und Essen

Geyerhof - Ilse und Josef Maier
Oberfucha, Ortsstraße 3
3511 Furth bei Göttweig
Telefon: 02739/22 59
S. u. Winzer

Restaurant Schickh
Hotel & Restaurant
Kleinwien, Avastraße 2
3511 Furth bei Göttweig
Telefon: 02736/72 18-0
Fax: 02736/72 18-7
Ein Landgasthof mit 11 Zimmern wie aus dem Bilderbuch, am Fuße des Stiftes Göttweig gelegen. Wenn es die Witterung erlaubt, sollte man unbedingt im Kastaniengarten Platz nehmen und die saisonalen, bodenständigen Kreationen genießen.
Der umgestaltete ehemalige Eisenbahnwaggon im Garten dient als origineller Rahmen für kleine

Weinwanderweg Richtung Mautern

Feiern. Auf Wunsch organisiert Familie Schickh Motorbootfahrten auf der Donau.
Öffnungszeiten Restaurant: 11-15 und 18-22 Uhr; Sa., So. und Feiertag durchgehend warme Küche. Mi. und Do. Ruhetage.

Stift Göttweig
3511 Furth bei Göttweig
Telefonzentrale: 02732/8 55 81-0

Tourismusbüro:
Telefon: 02732/8 55 81-2 31
Fax: 02732/8 55 81-2 44

Information und Tips

Gemeindeamt Furth
Untere Landstraße 17
3511 Furth bei Göttweig
Telefon: 02732/8 46 22-0
Fax: 02732/7 34 90
Internet: http://www.furth.at

Hollenburg bei Krems

Hollenburg, eine kleine, verschlafene Gemeinde, gehört zur Stadt Krems, liegt aber ebenso wie Furth/Palt und das Stift Göttweig am südlichen Ufer der Donau. Von Palt aus führt eine kleine Straße über Angern und Kleedorf nach Hollenburg. Hollenburg ist auch ein guter Ausgangspunkt, um in das Weinbaugebiet Traisental Richtung Wagram an der Traisen zu gelangen. Der Ort wurde urkundlich erstmals 861 als „Holunburc“ erwähnt und zählt zu den ältesten Ortschaften Niederösterreichs. Wahrzeichen ist das „Wetterkreuz“ mit einer Kapelle, die 1652 erbaut wurde. Dem Namen entsprechend, markiert das „Wetterkreuz“ eine Wetterscheide. Mehrere Spazierwege führen von Hollenburg zu diesem Wahrzeichen hinauf. Von hier aus hat man auch einen wunderschönen Blick auf die Donau und ins Tullnerfeld Richtung Osten. An Rebsorten überwiegt der Grüne Veltliner mit 55 Prozent, 15 Prozent der Fläche sind blauen Sorten vorbehalten.

Rohrendorf

Rohrendorf liegt einige Kilometer östlich von Krems am nördlichen Donauufer an der B 35 und ist am besten über die Abfahrt Krems Nord von der S 33 erreichbar. Wenn man vorher Krems selbst einen Besuch abgestattet hat, folgt man vom Zentrum Krems' der B 35 Richtung Hadersdorf, um nach Rohrendorf zu gelangen. Auch eine Wanderung oder Radtour nach Rohrendorf bietet sich an. Rohrendorf ist eine traditionsreiche Weinbaugemeinde mit alten Kellergassen und mächtigen Lößterrassen. Bekannt geworden durch Lenz Moser (1905-1978), der u. a. die „Hochkultur" im österreichischen Weinbau einführte und damit die maschinelle Bearbeitung der Weingärten und höhere Erträge ermöglichte.

Eine sehenswerte Kellergasse, Ausgangspunkt ist die Ried Atriumweingarten neben der großen Kellerei Lenz Moser, gegenüber vom Bahnhof Rohrendorf gelegen, bietet die Möglichkeit zu einer ausführlichen Wanderung hinauf zum sogenannten Plafond. Die Kellergasse ist relativ leicht begehbar oder mit dem Fahrrad zu befahren.

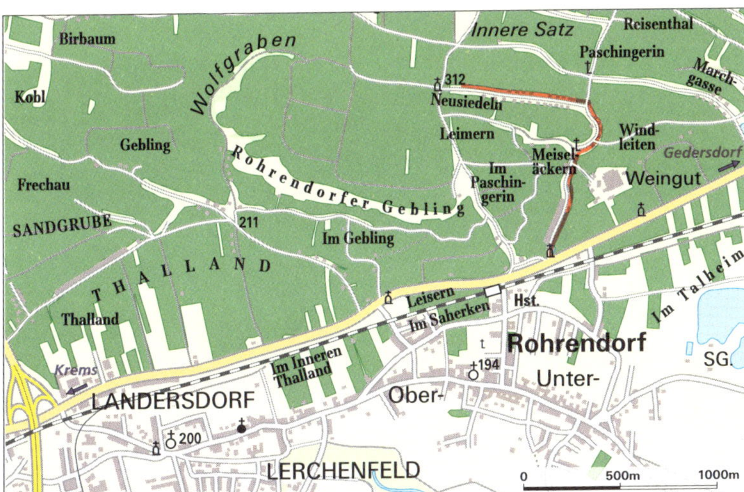

Nur der obere Teil ist etwas steil, dafür lohnt ein Fernblick auf das Stift Göttweig Richtung Süden und Langenlois Richtung Norden. In der Kellergasse befinden sich eine Reihe von Heurigen- und Buschenschankbetrieben. Alle zwei Jahre findet im August ein Kellergassenfest statt.
Heute sind in Rohrendorf 384 Hektar Weingärten zu 75 Prozent mit Weißweinsorten bepflanzt. Neben Riesling und Grünem Veltliner gibt es hier Roten und Frühroten Veltliner als Raritäten.

Winzer und Heurige

Weingut Sepp Moser
Untere Wiener - Straße 1
3495 Rohrendorf bei Krems
Telefon: 02732/7 05 31-0
Sepp Moser, ein Sohn des berühmten Lenz Moser und Erbe der Rohrendorfer Weingärten und des „Seewinkelhofs" in der burgenländischen Ortschaft Apetlon, führte nach den Turbulenzen der Kellerei Lenz Moser 1985 das Weingut und die Rebschule selbständig weiter. Ursprünglich für die Pflege der Rebflächen zuständig, kümmerte er sich von da an auch um die Vinifizierung. Die Qualitäten verbessern sich von Jahr zu Jahr, die Stärken liegen im fruchtbetonten Ausbau von Riesling, Chardonnay und Sauvignon blanc und in gefälligen, aber gut strukturierten Rotweinen. Sohn Nikolaus ist ein engagierter Mitarbeiter und wird demnächst den Betrieb übernehmen.

Information und Tips

Gemeindeamt Rohrendorf
Obere Hauptstraße 21
3495 Rohrendorf bei Krems
Telefon: 02734/8 38 50-0

Gedersdorf

Gedersdorf liegt ebenso wie Rohrendorf östlich von Krems an der B 35 und ist von Krems aus leicht zu erreichen. Die Weinlandschaft in dieser Region wird vor allem von den charakteristischen südseitigen Lößterrassen geprägt, die starke Ähnlichkeit mit den chinesischen haben und zu den mächtigsten Lößablagerungen Mitteleuropas gehören.
Der qualitätsorientierte Weinbau wird vorwiegend auf schmalen Terrassen betrieben. Die sogenannten „Fanggruben", künstlich ausgehobene Bodenvertiefungen, die man hier und dort sieht, dienen dazu, bei starken Regenfällen, besonders im Sommer, die Wassermassen abzuschwächen, die sonst große Mengen der Erde in den Weingärten abschwemmen würden. Die 235 Hektar große Rebfläche ist hauptsächlich mit Weißweinsorten und etwas Zweigelt bepflanzt.

Rieden Spiegeln - Zehetnerin

Die Bezeichnung Ried stammt ursächlich von „riuti" und bedeutet Rodung, einen im Wald urbar gemachten Platz. Der Flur- und Riedenname Spiegel(n) tritt häufig auf und bezeichnet stets Weingärten, die für den Rebbau einst „ausgespiegelt", das heißt für diesen Zweck und die bessere Bearbeitung besonders vorbereitet wurden. In der Gedersdorfer Spiegeln sind hauptsächlich Grüner Veltliner, Chardonnay, Riesling und Merlot ausgepflanzt.
Riedennamen geben immer einen Einblick in die historische Entwicklung des Weinbaus. Früher mußte der zehnte Teil eines Jahrgangs als Steuer an die Landesherren abgegeben werden. Daher kommt der Name der Ried Zehetnerin, die in nördlicher Richtung unweit der Gedersdorfer Kirche liegt. Sie ist die unterste Terrasse am Gobelsberg und eine der wenigen sehr guten ebenen Lagen mit ausschließlich Grünem Veltliner.

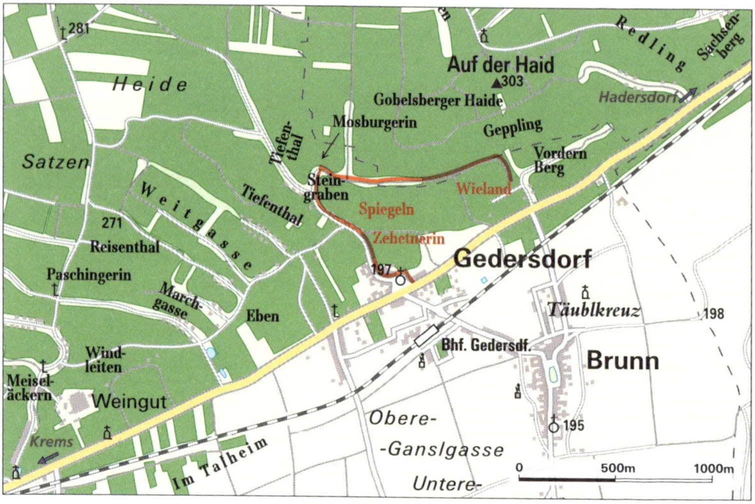

Direkt neben der Ried Zehetnerin befindet sich der Gedersdorfer Friedhof. Von hier aus bieten sich sehr schöne Wanderwege in die Rieden und Kellergassen an.

In Richtung Nordwesten befindet sich eine der schönsten Kellergassen. Sie ist großzügig angelegt und gut erhalten. Entweder man geht diese Gasse hinauf und dann retour, oder man biegt nach den ersten Kellern zur rechten Hand in die Rieden Moosburgerin und Geppling ein, um zur Ried Wieland und von dort wieder zurück zur Kirche zu gelangen. Einige Buschenschankbetriebe laden zwischendurch zu einem Glas Wein und zur Jause ein.

Winzer und Heurige

Weingut Mantlerhof - Josef Mantler
Hauptstraße 50
3494 Brunn im Felde
Telefon: 02735/82 48
Fax: 02735/89 16
Brunn im Felde liegt ein paar hundert Meter südöstlich von Gedersdorf, die Abzweigung von der B 35 befindet sich mitten im Ortsgebiet. Josef Mantler, der Vater des jetzigen Besitzers, vergrößerte die eigenen Rebflächen mit Weingärten in den besten Lagen des Nachbarortes Gedersdorf. Hoch anzurechnen ist ihm die Beibehaltung und Pflege der Rebsorte Roter Veltliner, die nach der Einführung der Hochkultur und der Züchtung von pflegeleichteren Grüner Veltliner-Klonen fast verschwunden wäre. Der Rote Veltliner kann enorm lagerfähig sein, wie Verkostungen eines noch frisch wirkenden '81er Kabinetts oder des legendären '83er Ausbruchs vor ein paar Jahren zeigten.
Die Gesamtfläche der Landwirtschaft beträgt zur Zeit 65 Hektar, davon sind 13 Hektar Weingärten, zwei Hektar werden zugepachtet. Die besten Lagen sind Spiegeln, Wieland, Reisenthal und Tiefenthal. Der Anteil von Rotwein wird marginal gehalten und entspricht damit dem Potential der Region, die vor allem für Weißweine prädestiniert ist. Außer dem Stüberl im Keller in Gedersdorf gibt es in Brunn in einem alten Gewölbe einen modernen Verkostungs- und Verkaufsraum.

Information und Tips

Gemeindeamt Gedersdorf
Obere Hauptstraße 1
3494 Gedersdorf
Telefon: 02735/33 16-0
Fax: 02735/33 16-14

WEINSTRASSEN IN

Traismauer

Vinothek Regio Tragisana im Schloß Traismauer
Tel.: 02783/85 55 od. 62 90 od. 86 48
Öffnungszeiten: Nov. bis März: Sa 10-14 Uhr
April bis Okt.: tägl. 9-17 Uhr

Maissau

Hauer Vinothek „Alte Schmiede" im Gasthaus Weixelbraun
3112 Maissau, Wiener Straße 2
Tel.: 02958/82 237 Öffnungszeiten: tägl. 8-22 Uhr, außer Mo

Pulkau

Pulkauer Weinkeller-Vinothek bei der Heiligen-Blut-Kirche
3741 Pulkau, Schottengasse, Tel.: 02946/2957
Tel.: 0664/38 03 869 od. 02946/22 40 - Hr. Ramharter
Öffnungszeiten: ab Ostern Fr 16-19 Uhr
Sa, So + Feiertag 10-12 Uhr, 14-19 Uhr
Vor Weihnachten: Fr ab 16 Uhr, Sa und So wie oben

Retz

Gebietsvinothek Retzer Weinberge im Hotel Althof Retz
2070 Retz, Burggasse 5, Tel.: 02942/37 110
Öffnungszeiten: Durchgehender Hottelbetrieb ermöglicht
problemlos - auf Anfrage - den Besuch der Vinothek

Röschitz

Gebietswinzergenossenschaft Retz Röschitz
3743 Röschitz 268, Tel.: 02984/27 16
Öffnungszeiten: 7-12 Uhr u. 13-17 Uhr, Fr 7-12 Uhr

Retz

Hauervinothek im Gasthaus Weinschlöss'l
Gasthof Axenkopf, Wallstraße 13, 2070 Retz
Tel.: 02942/32 24, Öffnungszeiten: Mo,Di,Fr,Sa 9-24 Uhr
Do ab 16 Uhr, So 9-15 Uhr
www.tiscover.com/axenkopf
e-mail: weinschloessl@aon.at

Laa/Thaya

Altes Rathaus Laa/Thaya
Stadtplatz 17, 2136 Laa/Thaya, Tel.: 02522/84 230
Öffnungszeiten: ganzjährig Mo-Fr 15-19 Uhr
Sa 10-13 Uhr u. 15-19 Uhr, So u. Feiertag 15-19 Uhr

Krems/Und

Haus des Niederösterreichischen Weines in Krems Kloster UND
Telefon im Kloster 02732/730 73
oder die Wiener Tel.-Nummer 21 61 945
Wolfgang Obermaier führt in den historischen Verkostungskeller des Klosters UND. Weine aus allen nö. Anbaugebieten zum „Kosten, Kaufen und Mitnehmen".
Ab März bis 23. Dezember geöffnet: Mi bis So 13-18 Uhr

Krems

Vinothekenkeller Langenlois der Winzer Krems
Sandgrube 13, 3500 Krems, Tel.: 02732/85 511, Fax: 85 511-8
Öffnungszeiten: Mo-Do 8-12 Uhr u. 13-16 Uhr, Fr 8-12 Uhr

Dürnstein

Freie Weingärtner Wachau „Kellerschlössl"
3601 Dürnstein 107, Tel.: 02711/371
Öffnungszeiten: Mo-Do 8-12 u. 13-16.30 Uhr, Fr 8-12 Uhr

Loiben

Vinothek im alten Felsenkeller
3601 Dürnstein, Unterloiben 51
Tel.: 02732/85 516 (am Wochenende DW 19), Fax: DW 25
Öffnungszeiten: Ostern bis Dezember tägl. 10-18 Uhr
Jänner bis Ostern: Mo-Do 10-17 Uhr, Fr 10-12 Uhr

Kirchberg/Wagram

Vinothek der Wagramer Selektion
3470 Kirchberg/Wagram
Tel.: 02279/50 210, Hr. Vogel Öffnungszeiten: Sa 14-17 Uhr

Langenlois

Vinothek Ursin Haus
3550 Langenlois, Kornplatz 5, Tel.: 02734/2000-0, Fax: 2000-15
Öffnungszeiten: Mo-Fr 10-12 Uhr, 13-18 Uhr
Sa, So und Feiertage 10-18 Uhr
e-mail: ursin-vintourist@wvnet.at

Schönberg/Kamp

Vinothek im Stoamandl-Haus
3562 Schönberg/Kamp, Tel.: 02733/82 78-0
Öffnungszeiten: Ostern bis Weihnachten
Fr ab 16 Uhr, Sa, So u. Feiertag ab 15 Uhr

Poysdorf

Weinmarkt Poysdorf-Reichensteinhof
2170 Poysdorf, Tel.: 02552/2200-17
Öffnungszeiten: Mo-Do 8-17 Uhr, Fr 8-18 Uhr
Sa, So u. Feiertag 10-12 Uhr u. 13-18 Uhr

Matzen

Gebietsvinothek Matzen
2243 Matzen, Hauptstraße 20, Tel.: 02289/22 73-19 od. 02289/24 03
Öffnungszeiten: ganzjährig Mi-Sa 15-20 Uhr

Auersthal

Vinothek Weinladen Auersthal
Auersthal, Hauptstraße 86, Tel.: 02288/67 37
Öffnungszeiten: Fr u. Sa 15-20 Uhr, So 10.30-12 Uhr u. 13.30-18 Uhr

Baden

Badener Hauervinothek
2500 Baden, Brusattiplatz 2, Tel.: 02252/45 640
Öffnungszeiten: ganzjährig u. täglich 10-12.30 Uhr, 15.30-18.30 Uhr

Gumpoldskirchen

Zierfandlerwelt - ein Winzer heißt Sie willkommen!
Bitte vereinbaren Sie einen Termin unter
02252/62 114 Fachschule Gumpoldskirchen, Susanne Pichler oder
02252/52 343 Johann Stadelmann,
Traiskirchen, Wienerstraße 41

NIEDERÖSTERREICH

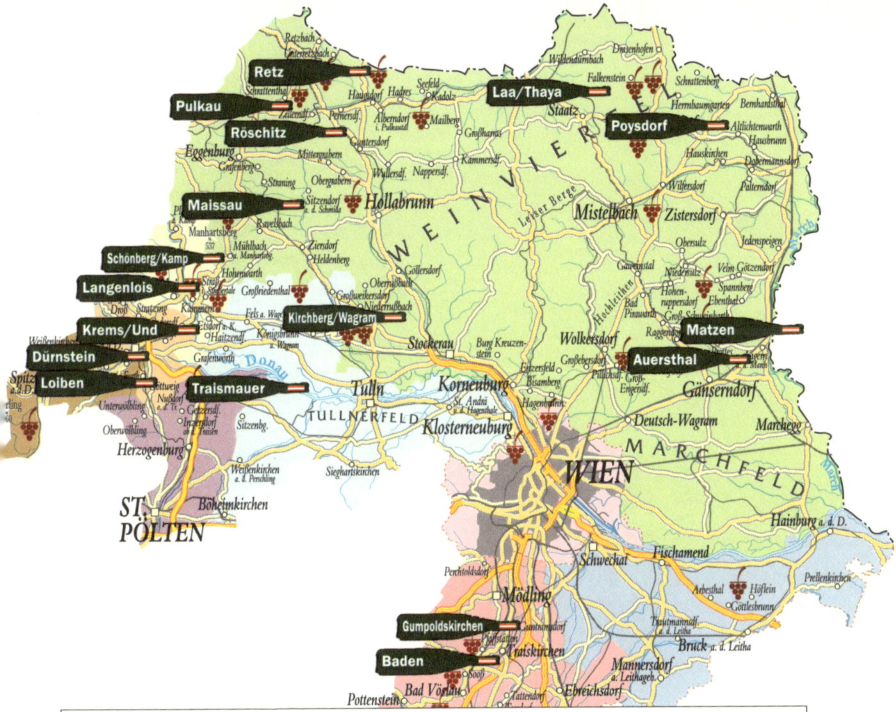

NÖ-HAUERVINOTHEKEN

„Immer einen Ausflug wert“

Wein genießen ist Bestandteil unserer Kultur und Lebensart. Man kostet die vielen Geschmacks-, riecht die unterschiedlichsten Duftnuancen, entdeckt die brillanten Farben des Weines. Viele Winzer haben gemeinsame Vinotheken errichtet, um ihre Weine noch besser präsentieren zu können. Geregelte Öffnungszeiten, eine schöne Umgebung, in der Weinkosten zum Erlebnis wird und ein repräsentatives Angebot zu Ab-Hof-Preisen sind für Weinfreunde interessant

WEIN AUS NIEDER ÖSTERREICH KOSTBARE KULTUR

WEINLAND ÖSTERREICH

KAMPTAL

N
W
O
S
0 250 500 750 1000 1500 2000 2500 m
Stiefinger Leiten
THÜRNEUSTIFT
Grub
Stiefernbach
Völker
Spern
Übeleck
Kleingschwel
Pfarrwald
Fahnbach
Hinterturn
Augraben
Baderleiten
Schmalzb
OBERREITH
Hausberg
Schl.
Rotes Kreuz
Hiesberg
REITH
SCHILTERN
Anger
R. Kronsegg
Stadelbreiten
KRONSEGG
Breitenfeldkreuz
Schilternbach
Laaberg
Reithberg
Lachberg
Dachsberg
Karlsberg
Kohlleiten
Hoheneck
Amaißtal
Krückl
NEUMÜHLE
Gföhl
Schotten
Hoher Schatten
MITTELBERG
Loisbach
Hüttbühel
Loiser Heide
Pfennigstein
Loiser Berg
Lengenfelder B.
Niederer Schatten
Spießberg
Spieß
Spießberggraben
Auf der Setz
Schilterner B
Pfeifenberg
Rotbichel
Schatten
10 Joch
Ladner
Schenkenbichl
Steinmassl
Steinhaus
Ametsberg
36 Joch
Simitzbach
Leimer
Auberg
Kuckuckberg
Galgenberg
Dorner
LENGENFELD
Hofstatt
Liss
Brunader
Schlickenpfennig
Wein trägerin
Droß
Saubaad
Kittmannsberg
Hochstraße
Neuberg
Stratzing
Sand
Narerwiesen
Zeiselberg
Fuchsloch
Wechselberg
Weinbaugebiet Kremstal
Kremsfeld
Kiesling
Friesenrock
Riedel
Kremsf
Krems
KAMPTAL

ALTENHOF
Tiefenbach
Silberne Eichel
Hungerfeld
Brandfeld
Hüttenmaiß
Seewiese
Horach
Mitterberg
421
Kalvarienberg
Kotaschen
Gleißeln
Große Heide
Im Renner
Sauzaggl
440
Hochmeiß
Tränkberg
468
Schütt
412
SCHÖNBERG
am Kamp (226)
Gugelberg
456
DIENDORF
am Walde
Buchtal
R. Schönenburg
442
Loischl
OBERNHOLZ
375
Schnauterin
Steinfeld
Pösingerberg
Elsarner Bach
Wolfsgraben
Hofstatt
SCHÖNBERG-
NEUSTIFT
Wasenbank
Kirchholz
Obritzberg
Kogelberg
308
259
ELSARN
im Straßertal
287
316
Ruine
Falkenberg
Merschein
295
Schönberg
WIEDENDORF
367
Gschinzbach
Kohlberg
240
Sandgrube
Praidl
ZÖBING
Seeberg
222
360 Obergugen
Kamptalwarte
Grub
Senthal
Wechselberg
328
330
Nesselthal
354
Hohenwarth
Steinwand
Heiligenstein
Letten
Gaisberg
336
Untergugen
Wechselberg
Kleine Stangl
Großes Stangl
Absdorfer
Gautscher
Katl
Fünfeckiger
Stein
Karl
Bleckenweg
Geltsfreund
Lammberg
Plachen
Point
Reith
280
Bhf.
HAINDORF
Hund
Lamm
Gsellgericht
Groisl
Antenau
Teller
Schreckenberg
208
Gaisberg
Offenberg
Saugraben
Ober-
Mitter-
-hasel
Unter-
Wiege
Oberhasel
Strobl
217
STRASS
im Straßertale
Brunngasse
Glinzen
KAMMERN
204
Schl.
Hasel
278
GOBELSBURG
(218)
Eichberg
Wolfsgraben
234
Gschinzbach
Galgenberg
Rasstadt
Engabrunner Haide
Hofstatt
Hubertuskpl.
278
Steinsatz
202
HADERSDORF
am Kamp
207
ZEISELBERG
Landstraß
Ganslgraben
Hutweg
Kleinstein
Satzen
257
Kirchengraben
244
Badfeld
ENGABRUNN
Weinbaugebiet Weinviertel
Weinbaugebiet Donauland
Alte Haid
WALKERSDORF
am Kamp
Hofstadt
218
Redling
Sachsenberg
Bhf.
200
ETSDORF
am Kamp
Hintenaus
Wohra
Fels am Wagram
Auf der Haid
303
Gobelsberger Haide
Geppling
202
DIENDORF a. K.
197
Krems a. d. D.
Kamp
SITTENDORF
Stöbermühle
195
Haitzendorf
192
Satzen
Am Damm
GRAFENEGG
Baumgarten

Mit dem Wein ist es wie mit der menschlichen Stimme. Viele singen, aber wenige verstehen die Kunst des Singens. Nur ganz wenige sind ihrer Stimme wegen berühmt. So verhält es sich auch mit der Weinbereitung. Es ist nicht schwer, gelegentlich einen gewöhnlichen Wein zu machen, aber grandiose Weine zu produzieren, bleibt nur wenigen vorbehalten. Der Wein lebt und ist unberechenbar.

Übrigens, was trank man 1717 zur Geburt Maria Theresias, welchen Wein bevorzugte Beethoven und welcher wurde Ronald Reagan oder Papst Johannes Paul II. bei ihren Besuchen in Österreich kredenzt? Richtig, Weine aus den Langenloiser Rieden.

Zum Weinbaugebiet Kamptal, der Name stammt vom gleichnamigen, nicht regulierten Fluß Kamp, mit etwa 4.200 Hektar Weingärten zählen unter anderem Langenlois, Schönberg und Straß im Straßertal. Funde zeugen von einer frühen Besiedelung der Region durch die Kelten bereits Jahrhunderte vor Christi Geburt; Weinbau ist seit dem Mittelalter nachweisbar. Fossilienfreunde finden im Kulturpark Kamptal, in Obernholz, einen Fossilienschauraum mit im Gemeindegebiet gefundenen Versteinerungen von Meerestieren, die vor 22 Millionen Jahren hier zugrunde gingen. Die Stadt Langenlois liegt im Schnittpunkt mehrerer Formationen verschiedener erdgeschichtlicher Entwicklungsstufen. Den Untergrund bilden die kristallinen Gesteine der Böhmischen Masse, überwiegend aus Gneis und Glimmerschiefer, aber auch aus Amphiboliten bestehend, die gegen Süden und Osten hin allmählich verschwinden. Über ihnen liegen Sedimente des tertiären Meeres,

Das Marterl „beschützt" den Weingarten

das hier am Rand der Böhmischen Masse seine Ablagerungen in Form von Sanden, Tonen und Tegeln zurückgelassen hat. Nach dem Rückzug des Meeres baute ein Strom, der etwa der heutigen Donau entspricht, in der jüngsten Phase des Tertiärs einen Schotterkegel trichterförmig aus dem Raum um Krems quer über das westliche Weinviertel nach Nordosten auf. Dieser sogenannte Hollabrunner Schotterkegel bedeckt die Landschaft des westlichen Weinviertels. Er beginnt südlich von Lengenfeld, ca. acht Kilometer westlich von Langenlois gelegen, reicht in das Gemeindegebiet von Langenlois hinein und setzt sich östlich des Kamps fort.

Die Donau änderte dann allmählich ihren Lauf in östliche Richtung, so daß zunächst im frühesten Abschnitt des Quartärs die Schotter des Kremsfeldes, später jene, die westlich von Gobelsburg liegen, aufgeschüttet wurden; sie erstrecken sich ebenfalls östlich des Kamps weiter. Die Schotterterrassen des Wagram fehlen hier, dafür entspricht der letzten großen Schotterablagerung der Donau in der jüngsten Eiszeit, in der das Tullner Feld entstand, eine solche des Kamps. Gleichzeitig wurde während der Eiszeiten Löß abgesetzt. Er wurde als feiner Staub aus Gletschermoränen und aus den breiten Schotterablagerungen der Flüsse ausgeblasen und in der umgebenden Landschaft zu oft mächtigen Schichten angeweht. Der Löß legte sich über die dürftige Grasvegetation, die neuerlich emporwuchs und wieder bedeckt wurde; auf diese Weise entstanden im Löß die bis jetzt erhaltenen kleinen Hohlräume (Kapillaren). Während der Löß auf den höheren Terrassen und zum Teil auch im kristallinen Bergland als Ausgangsmaterial für die Bodenbildung überwiegt, liegt auf dem Schotter der Niederterrassen und im Bereich der etwas abgesetzten Austufe des Kamps lehmig-sandiges Schwemmaterial. Eine Hügelkette schützt Langenlois vor den kühlen nördlichen Winden und bildet um die Stadt die Form einer Muschel, die nach Süden geöffnet ist; daraus ergibt sich das günstige Kleinklima. Südwestlich erstrecken sich die Weingärten von Krems und der Wachau, nach Osten schließen das Straßertal und der Wagram an. Der kristalline Untergrund tritt nur selten zutage und wird meist von Sand, Lehm, Schotter und Löß überlagert; auch vulkanische Bestandteile (z. B. Ried Heiligenstein) sind nachzuweisen. Die Weingärten befinden sich überwiegend in Hanglagen und auf Terrassen.

Im Hoch- und Spätmittelalter wurden die Lößhänge mühsam zu den Terrassen kultiviert, die heute noch das Landschaftsbild von Krems und der Wachau prägen. Ihre Länge macht einige hundert Kilometer aus. Erst im 19. Jahrhundert und nach dem Zweiten Weltkrieg wurde die Anbaufläche verkleinert.

Unter den Rebsorten überwiegen zu 80 bis 85 Prozent je nach Ortschaft die weißen: Grüner Veltliner, Riesling, Weißburgunder, Grauburgunder, Chardonnay sowie etwas Sauvignon blanc; von den blauen sind Blauburgunder, Merlot, Zweigelt, Cabernet Sauvignon, Cabernet Franc und auch Sangiovese ausgepflanzt.
Die Weinlandschaft erkundet man am besten mit der Pferdekutsche, per Rad oder der Kamptalbahn. Ein wunderschön renoviertes Flußbad erwartet Sie in Gars-Thunau, eine Greifvögel-Flugschau mit Falkner auf Schloß Rosenburg oder Sgraffitohäuser aus dem 16. Jahrhundert in Langenlois und Horn. Die Öffnungszeiten aller Kamptalwinzer finden Sie im Heurigenkalender („Ursin Haus“, s. S. 110).

Die barocke Pestsäule (Dreifaltigkeitssäule 1713) am Kornplatz in Langenlois

Langenlois

Aus dem Stiftungsbrief von 1082 geht erstmals der Name „Liubisa" - die „Liebliche" - hervor, aus dem über Liubes, Leubs, Leiß, Langenleiß schließlich „Langenlois" wurde. 1925 erhielt Langenlois das Stadtrecht.

Langenlois und die Orte Gobelsburg, Mittelberg, Reith, Schiltern und Zöbing stellen landschaftlich eine Öko-Insel dar. Die „lange Stadt am Loisbach", so eine andere Namensinterpretation, gehört seit Ende des 1. Jahrtausends zum Kernland Österreichs. Viele prähistorische Funde zeigen, daß dieses Gemeindegebiet zu den ältesten Siedlungsräumen in Österreich zählt. Kellerführungen, Weingartenwanderungen, Weinseminare, Veranstaltungen mit kommentierten Verkostungen eröffnen dem Weinliebhaber neue Perspektiven.

Eine Stadtführung, ausgehend vom historischen Kornplatz mit der barocken Dreifaltigkeitssäule, umgeben von historischen Bürgerhäusern, sowie ein Besuch im Heimatmuseum (geöffnet vom 1. Mai bis Allerheiligen) oder im Schloß Gobelsburg geben Einblicke in die sagenumwobene Geschichte. Die Burgen, Stifte und Schlösser der Umgebung laden zu weiteren Ausflügen ein. Viele abwechslungsreiche Routen für Wanderer und Radfahrer erschließen die Schönheit der Landschaft, zahlreiche Aussichtspunkte ermöglichen den Einblick in die hügelige Gegend.
Die Kamptalwarte eröffnet einen Rundblick über das malerische Kamptal bis zum Schneeberg; vom Aussichtsturm am Gobelsberg kann man 37 Kirchturmspitzen zählen. Eine Wanderkarte gibt's im Ursin Haus (s. S. 110), gegen Voranmeldung auch einen ortskundigen Stadtführer.
Ein Bildstockwanderweg führt durch eine bezaubernde Heidelandschaft. Nehmen Sie sich Zeit für sieben Kilometer dokumentierte

Geschichte aus drei Jahrhunderten. Sehenswert ist auch die Ruine Kronsegg oder das Schloß Schiltern mit dem Schaugarten Arche Noah (s. S. 116). Wer sich im Vorbeiwandern Weinwissen aneignen

möchte, der sollte die Weinlehrpfade in Langenlois und Zöbing nicht versäumen. Das Gebiet umfaßt knapp die Hälfte der Rebfläche des Weinbaugebiets Kamptal. Heute werden in Langenlois und in den eingemeindeten Orten Schiltern, Ober- und Unterreith, See, Haindorf, Gobelsburg, Mittelberg und Zöbing insgesamt 2.000 Hektar Weingärten bewirtschaftet, davon 60 Prozent von Nebenerwerbswinzern. Vier Fünftel der Fläche sind mit weißen Sorten wie Riesling, Grüner Veltliner und Chardonnay bepflanzt.
40 Kilometer Radwanderwege, teils durch Weingärten, abseits vom Verkehr, bieten ein besonderes Erlebnis. Fahrradverleih, auch für Kinderräder oder Mountainbikes, bietet das Ursin Haus.
Langenlois liegt zehn Kilometer nordöstlich von Krems und ist per Bahn oder für Autofahrer über die Westautobahn (A 1), Abfahrt Knoten St. Pölten, dann über die S 33 (Krems) erreichbar. Von Wien aus über die A 22 (Donauuferautobahn), Abfahrt Stockerau West, dann die B 3 Richtung Krems, Abzweigung in Kollersdorf.

Rieden Steinhaus - Steinmaßl

Die Route Ried Steinhaus über den Schilterner Berg zur Ried Steinmaßl bietet vor allem einen wunderschönen Blick auf das Kamptal und das Voralpengebiet. Ein Verirren ist praktisch ausgeschlossen, da alle Wege bestens ausgeschildert sind. Die angebrachten Weintafeln geben Informationen über die ausgepflanzten Rebsorten und deren Herkunft. Vom Hauptplatz in Langenlois, dem Kornplatz, biegt man Richtung Westen in die Walterstraße ein, nach ca. 500 Metern in die Schilterner Straße. Nach weiteren 200 Metern geht es dann durch die Kellergasse Käferbergstraße, vorbei an einem Kreuz, Richtung Schilterner Berg. Anschließend führt der Spaziergang über den Ladner Güterweg durch die Ried Steinmaßl, die ebenfalls einige sehenswerte Ausblicke garantiert, zum Loisbach und zur Zwettler Straße. Dieser folgt man wieder zum Kornplatz zurück.

Ried Loiser Berg

Der Loiser Berg liegt mit seinen Rieden westlich von Langenlois. Vom Kornplatz folgt man der Walterstraße sowie der Zwettler Straße bis zur Loistalstraße, biegt aber nicht in diese hinein, sondern geht auf der Straße nach Gföhl bis zum ersten Bildstock. Hier führt der Weg nach Mittelberg in die Ried Loiser Berg. Das qualitativ beste Kernstück des Loiserbergs (Loiser Berg) mit der Subried Vogelsang ist 15 Hektar groß und befindet sich am Südhang, wo Riesling, Grüner Veltliner und Weißburgunder ausgepflanzt sind. 1983 führte Willi Bründlmayer am Loiserberg die „Lyra"-Erziehung für die Sorten

Cabernet Sauvignon und Cabernet Franc ein, ein in Österreich bis dahin unbekanntes System aus Frankreich. Dabei wird von einem Stamm eine doppelte Laubwand in Form eines Y hochgezogen, wodurch die Reben viel Sonnenschein bekommen und die gut belüfteten Blätter schneller abtrocknen können, so daß die Gefahr des Befalls mit Mehltau verringert wird. Die Stammhöhe orientiert sich an der für hohe Qualitäten klassischen und bewährten Niedrigkultur. Die Lyraerziehung ist aber nur an wenigen Standorten möglich.

Ried Heiligenstein

Langenlois ist, was den Wein betrifft, vor allem mit einer Einzellage berühmt geworden, der Ried Heiligenstein mit der Sorte Riesling. Nachweislich erstmals wurde der Weinberg 1280 als „Hellenstein" (Höllenstein) erwähnt. Weine von den besten, südlich ausgerichteten

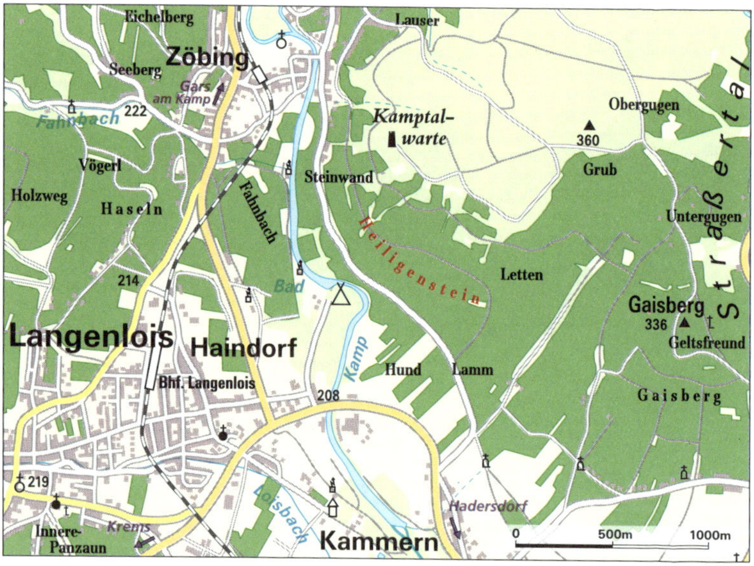

Terrassen der genau umgrenzten Ried tragen zusätzlich den Ortsnamen Zöbing. Von dieser Ortschaft aus, vom Langenloiser Kornplatz aus über die Kamptaler Straße nach etwa 1,5 Kilometern erreichbar, führen mehrere Wege in die Ried. Einen wundervollen Ausblick genießt man von der Kamptalwarte, die sich oberhalb der Ried

Heiligenstein erhebt. Ein anderer Ausgangspunkt in die Ried Heiligenstein ist die Ortschaft Kammern, so wie Zöbing in unmittelbarer Nähe von Langenlois gelegen.
In Zöbing finden Sie einige Kellergassen, die ihren Ursprungscharakter stärker erhalten haben als die von Langenlois. Nicht versäumen sollte man trotzdem eine der schönsten Kellergassen von Langenlois, die sich auf dem Sauberg befindet. Diese erreichen Sie entweder vom Kornplatz aus in südlicher Richtung über die Rathausstraße und Kremser Straße oder direkt über die Bundesstraße - von Krems kommend -, wenn Sie nach Langenlois in die Kremser Straße einbiegen. Die Kellergasse Sauberg liegt südlich der Kremser Straße, hin zur Bundesstraße.

Das Ursin Haus

Weinfreunde haben nicht immer genug Zeit, die Weine ausgiebig beim Winzer selbst zu verkosten, und oft sind die Winzer daheim nicht anzutreffen. Daher wurde in Langenlois seit dem Jahr 1986 ein Projekt diskutiert, das dann im Frühjahr 1990 verwirklicht wurde: das „Ursin Haus", eine Marketing-Institution, die über Tourismus und Wein informiert und seit 1999 die Firmenbezeichnung „Ursin Haus Vinothek & Tourismusservice GmbH" trägt.

Weinberatung im Ursin Haus

In dem stilvoll renovierten, jahrhundertealten Objekt bieten an die 75 Winzerbetriebe des Weinbaugebiets Kamptal etwa 380 verschiedene Produkte, davon circa 280 Weine, zur Verkostung und zum

Ab-Hof-Preis-Kauf an - ein Katalog mit Preisen und analytischen Werten liegt auf bzw. wird Interessenten gerne zugesandt. Schwerpunkt ist der Wein, aber auch interessante Sekte, Edelbrände und Liköre befinden sich im Produktsortiment.
Erfreulich ist, daß seit der Eröffnung im Jahr 1990 alle renommierten Betriebe der Region einen Teil ihrer Weine im Ursin Haus offerieren und die Verkaufszahlen der vergangenen Jahre ein Beweis für die Attraktivität dieser Institution sind. Seit 1995 konnte der Umsatz beinahe verdreifacht werden. Das Ursin Haus ist ein beispielhaftes Modell für weintouristische Vermarktung, das in seiner Servicevielfalt in Verbindung mit einem ganzjährig täglichen Betrieb praktisch einzigartig in Österreich ist.
Im vorderen Raum liegen Prospekte über lokale, aber auch regionale touristische Angebote auf. Im Angebot finden sich Wander- und Radkarten sowie Tages- und Wochenkarten für Fischer. Darüber hinaus betreibt das Ursin Haus auch eine Kartenverkaufsstelle für ein umfangreiches Veranstaltungsangebot des österreichischen Theater- und Musiklebens.
Im hinteren Teil befindet sich der Verkostungsraum mit den Weinen. Hier kann man ungestört und in Ruhe kosten und kaufen. Überdies finden viele Weinveranstaltungen statt; auf Wunsch werden die Programme gerne zugesandt.

Ursin Haus
Vinothek & Tourismusservice GmbH
Kornplatz 5/Kamptalstr. 3
3550 Langenlois
Telefon: 02734/20 00-0
Fax: 02734/20 00-15
Öffnungszeiten: Mo. bis Fr. 10-12 Uhr und 15-18 Uhr; Sa., So. und Feiertag 10-18 Uhr.
Internet: http://www.ursinhaus.at bzw. http://www.kamptalnet.at

Winzer und Heurige

Weingut Wilhelm Bründlmayer
Zwettler Straße 23
3550 Langenlois
Telefon: 02734/21 72-0
Fax: 02734/37 48
Zwar wird auch einfachere Literware produziert - die ist allerdings tadellos, und beim Studium der Weinkarten so mancher Szenelokale, etwa in Wien, ist man froh, daß es den offenen Veltliner von Bründlmayer gibt -, doch die Tradition heißt seit Generationen, genau seit 1650, Qualität. Für den Riesling Heiligenstein, Jahrgang 1947, erhielt Bründlmayer sen. 1950 als bis heute einziger Weinproduzent vom damaligen Bundeskanzler Leopold Figl den „Österreichischen Staatspreis". Ein Beispiel dafür, welche Bedeutung und Aufmerksamkeit früher österreichische Politiker dem Wein widmeten.
Sohn Wilhelm setzt die Tradition des Vaters fort. Nach seinem Einstieg in den Betrieb im Jahr 1977 konstatierte er den verstärkten Trend hin zur gehobenen Weinkultur, gleichzeitig mit einem erwachenden Umweltbewußtsein. Einer der Paradeweine aus dem Hause Bründlmayer ist der Riesling vom Zöbinger Heiligenstein, der aus besonders guten Jahrgängen sehr lagerfähig ist und sich zu hervorragenden Altweinen entwickelt. Die Rieslinge „Alte Reben" vom Heiligenstein zeigen, welche exotischen Fruchtnoten und welche Konzentration Weine auszeichnen, deren Trauben von älteren Stöcken gelesen werden. Bei den

Das „Lyra-System"

Grünen Veltlinern gibt es eine „Leicht und trocken"-Variante, ein angenehmer Sommerwein; Berg Vogelsang ist das, was man sich im besten Sinn unter einem typischen Vertreter der Sorte vorstellen kann. Von der Ried Lamm kommen die kräftigsten Veltliner, meist mit etwas Restzucker vinifiziert. Internationale Beachtung konnte und kann seit 1985 der Chardonnay erringen. Bei den Rotweinen dominiert Blauburgunder, reinsortig unter der Bezeichnung „Dechant", vermählt mit Merlot als Cuvée „Cécile" (der Name der Tochter - 1992 reinsortiger Blauburgunder), neben Cabernet Sauvignon und Cabernet Franc, die erstmals 1988, als Cuvée „Vincent" (der Name des erstgeborenen Sohnes, bezeichnet wechselnde Cuvées mit Bordeaux-Charakter) auf den Markt kamen. Der nach der klassischen Flaschengärmethode hergestellte Sekt ist der zur Zeit wahrscheinlich beste Schaumwein Österreichs, hohes Niveau haben auch die Tresterbrände.

Weingut und Kellerei Ludwig Ehn
Bahnstraße 3
3550 Langenlois
Telefon: 02734/22 36-0
Ein traditionsreiches Haus ist das Weingut Ehn. Die Verantwortung für den Wein übernahmen Junior Ludwig sowie Tochter Michaela vor einigen Jahren. Beide lassen auf eine interessante Zukunft des Betriebes hoffen, denn Qualitätsrebflächen sind vorhanden. Die Abfüllung in Flaschen erfolgt relativ spät, es wird nicht vorfiltriert. Der nicht so ganz geheime Geheimtip des Betriebs ist der Frührote Veltliner/Malvasier. Weitere Qualität liefern der Grüne Veltliner von der Ried Obere Panzaun, aus dieser Ried kommt außerdem ein gemischter Satz von alten Rebstöcken, sowie der Riesling von den Rieden Loiserberg und Heiligenstein. Vom Grünen Veltliner gab es 1993 und 1994 - von Sohn Ludwig vinifiziert - eine Variante unter der Bezeichnung „Titan": im Barrique vergoren, ausgebaut und mit biologischem Säureabbau. Bei den blauen Sorten wird besonders auf den Blauburgunder geachtet, zudem wurde auch Sangiovese ausgesetzt.

Weingut Ludwig Hiedler
Am Rosenhügel 13
3550 Langenlois
Telefon: 02734/24 68
Fax: 02734/24 68-5
Ludwig Hiedler übernahm das Weingut, das sich nunmehr in der vierten Generation im Besitz der Familie befindet, im Jahr 1981 de facto von seinem Vater, dem Arzt Dr. Bruno Hiedler. Auf etwa 14 Hektar in Eigenbesitz stehen zur Zeit an erster Stelle Grüner Veltliner, gefolgt von Riesling, Weißburgunder und

Chardonnay. Eine Rarität ist der Frührote Veltliner. Ludwig Hiedler baut seine Weißweine nach der temperaturkontrollierten Gärung traditionell in Holzfässern aus; sein Ziel sind fruchtbetonte Weine. Der Rotweinanteil im Weingut ist marginal, auch wenn hier mit dem Ausbau im Barrique experimentiert wird. Zweigelt wird reinsortig abgefüllt, die Cuvée „Liubisa" setzt sich aus Zweigelt, Pinot noir und Sangiovese zusammen. Die Flaschenaufmachung, insbesondere die Gestaltung der Etiketten, ist vorbildlich. Das neue Keller- und Wirtschaftsgebäude, an das Wohnhaus angeschlossen, verbindet auf gelungene Weise alt und neu.

Rudolf Bründlmayer
„Private Weingüter"
Gobelsburger Straße 25
3550 Langenlois
Telefon: 02734/23 10
Fax: 02734/23 10-9

Neben seinen eigenen Weinen aus Feuersbrunn aus dem Weinbaugebiet Donauland bewirtschaftet Rudolf Bründlmayer seit dem Jahr 1997 das Weingut Deiblhof mit den besten Lagen in Langenlois. Im Jahre 1868 gründete Anton Deibl im ehemaligen Klosterkeller am Franziskanerplatz in Langenlois den Deiblhof. Die Weine sind gebietstypisch und liegen im sehr guten Preis-Leistungs-Verhältnis.

Fred Loimer
Vögerlweg 23/Kamptalstraße
3550 Langenlois
Telefon: 02734/22 39-0

Der junge, sympathische Fred Loimer hat mit einigen Weinen von seinen etwa 13 Hektar Weingärten, unter anderem in den Rieden Spiegel und Steinmaßl, aufhorchen lassen, im besonderen mit den Sorten Riesling, Grüner Veltliner und Chardonnay. Wenn die Qualitätsstruktur beibehalten werden kann, gehört dieses Weingut sicherlich bald zu den besten der Region. Fruchtige Sorten werden meist im Stahltank vinifiziert, Chardonnay und Burgundersorten in Barriques und mit biologischem Säureabbau. „Saxkeller" war der Name des mittlerweile aufgegebenen Heurigen. Zur Zeit entsteht in einer Kellergasse ein neues Wirtschaftsgebäude.

Weingut Sonnhof - Josef Jurtschitsch
Rudolfstraße 39
3550 Langenlois
Telefon: 02734/21 16-0
Fax: 02734/21 16-11

Etikett des Malers Christian Ludwig Attersee

Die Familie Jurtschitsch, in deren Besitz sich das seit 1867 bestehende Weingut Sonnhof befindet, fühlt sich der Tradition verpflichtet. Die Weine werden im 700 Jahre alten Zehentkeller des benachbarten ehemaligen Franziskanerklosters ausgebaut und gelagert. Nach dem Tod von Senior Jurtschitsch traten die drei Söhne sein Erbe an. Edwin, der älteste und Absolvent der Forschungsanstalt Geisenheim, ist für die mittlerweile mehr als 30 Hektar große Rebfläche in Eigenbesitz verantwortlich. Der zweite der Brüder, Paul, übt die Funktion des Kellermeisters aus. Die Moste der Weißweine, hervorzuheben sind Grüner Veltliner, Riesling, Weißburgunder und Chardonnay, vergären ohne Schwefelung seit 1983 in temperaturkontrollierten Edelstahltanks. Je nach Jahrgangsqualität werden ungefähr 20 Prozent der Weine in Allierbarriques vinifiziert. Der Anteil des Weinguts an blauen Sorten beträgt beachtliche 20 Prozent, die Weine zeigen mittlere, fruchtige, aber konstante Qualität. Ein Hit in der Nachfrage - vor allem in der Gastronomie - ist der „Rotspon", ursprünglich eine Cuvée aus Blauem Burgunder und Zweigelt, Rotburger genannt; seit 1991 ist etwas Cabernet Sauvignon dabei. Die Cuvée kommt erst zweieinhalb Jahre nach der Lese in den Verkauf. Die Idee für diesen Wein stammt vom Dritten im Bunde der Jurtschitschbrüder, Karl. Er ist verantwortlich für Marketing und Verkauf. Für ein anderes erfolgreiches Produkt, den leichten, fruchtigen Grünen Veltliner „GrüVe", entwirft der bekannte Maler Christian Ludwig Attersee die Etiketten. Der Riesling von der Ried Loiserberg wird unter der Bezeichnung „Platin" angeboten. Diverse Brände und, wenn es der Jahrgang zuläßt, Süßweine komplettieren das Sortiment. Die drei Brüder mit der

Devise: „Gutes bewahren, Neues schaffen!" haben untereinander eine optimale Arbeitsaufteilung gefunden.

Unterkunft und Essen

Heurigenhof Bründlmayer
Helga und Reinhard Hauser
Walterstraße 14
3550 Langenlois
Telefon: 02734/28 83 oder 35 91
Im „Heurigenhof Bründlmayer", vom Ehepaar Hauser gepachtet und liebevoll geführt, kann man die Weine vom Weingut Wilhelm Bründlmayer verkosten und kaufen. Beachtenswert ist die gute Küche. Innenhof, eigener Parkplatz hinter dem Haus.

Gästehaus Dorothea Demal
Michael-Zwickl-Zeile 1
3550 Langenlois
Telefon: 02734/25 59
Eine zentrale, ruhige Adresse direkt beim Kornplatz; sehr gut für Radfahrer geeignet;10 Betten.

Langenloiser Hof
Monika und Kurt Leutmezer
Kornplatz 2
3550 Langenlois
Telefon: 02734/24 75
Eine gute Adresse zum Übernachten (8 Betten) und zum Essen in einem Renaissancehaus. Schöner Arkadenhof.

Wirtshaus Mayrhofer
Rudolfstraße 1
3550 Langenlois
Telefon: 02734/38 58-0
Vis-à-vis der Kirche befindet sich die beste kulinarische Adresse vor Ort. Kreative, preisgünstige Küche und exzellente Weine werden angeboten.

Heurigenschank
Günter & Renate Nastl
Gartenzeile 17
3550 Langenlois
Telefon: 02734/29 03
Eine urige Heurigenschank mit interessanten Eigenbauweinen.

Gasthaus „Zur schönen Aussicht"
Ilse & Johann Gutmann
Heiligensteinstraße 32
3561 Zöbing
Telefon: 02734/23 34
Hier kocht Ilse Gutmann, und das brillant. Lassen Sie sich nicht vom Ambiente irritieren! Nach einer Wanderung zur Kamptalwarte können Sie sich hier verwöhnen lassen - mit besten Weinen aus Zöbing und kreativer Küche.

Erich Kroneder
Gföhler Straße 28
3550 Langenlois
Telefon und Fax: 02734/36 17-0
Eine kleine, gemütliche Pension im Zentrum gelegen.
Drei Zimmer und eine Ferienwohnung.

Information und Tips

Stadtgemeinde Langenlois
Heimatmuseum
Rathausplatz
3550 Langenlois
Telefon: 02734/21 01-38 oder -10

Bergbau- und Mineralienmuseum
Monika & Helmut Steininger
Zwettler Straße 11
3550 Langenlois
Telefon: 02734/35 94
Öffnungszeiten: Mo. - Sa. gegen Voranmeldung; So. 10 bis 18 Uhr.
Anfang 1980 brachte Frau Steininger aus Tirol die ersten Mineralien mit.
In Folge dessen wurde das Waldviertel von Frau Steininger genauer unter die Lupe genommen.
So entstand ein kleines Privat-Museum über Fossilien, Mineralien und Bergbau.

Arche Noah Schaugarten
Ob Straße 40
3553 Schiltern
Telefon: 02734/86 15 oder 86 26
Fax: 02734/86 27
Im sieben Kilometer nordwestlich von Langenlois gelegenen Ort Schiltern betreibt seit 1994 der Verein zur Erhaltung und Verbreitung der Kulturpflanzenvielfalt auf den Flächen des ehemaligen Barockgartens von Schloß Schiltern einen Schau- und Vermehrungsgarten. Jedes Jahr werden hier ca. 900 verschiedene Kulturpflanzensorten angebaut und vermehrt. Wer also z. B. etwas über blaue Kartoffeln erfahren möchte, sollte einen Abstecher unternehmen. Öffnungszeiten: Ende Mai bis Ende September, Sa., So. von 14-18 Uhr

Kulturpark Kamptal
Hauptplatz 83
3571 Gars am Kamp
Telefon: 02985/22 76-0
Fax: 02985/31 81
E-mail: info@kulturpark-kamptal.at
Internet: www.kulturpark-kamptal.at
Die Kamptalregion ist besonders für Radtouren mittleren Schweregrades geeignet. Informationen über Radverleih, Reparaturstellen und Touren im Ursin Haus und im Kulturpark Kamptal.

Gobelsburg

Die erste urkundliche Erwähnung von Gobelsburg datiert aus dem Jahr 1074, als ein Urahn der Kuenringer, Azzo de Gobatsburich, in einem Schenkungsvertrag als Zeuge genannt wurde. 1440 kam die Herrschaft Gobelsburg an die Habsburger. Auf der Ostseite des Gobelsbergs (302 m) wurden im Löß mehrfach prähistorische Überreste aus der Eiszeit entdeckt.

Das alte Weingut Schloß Gobelsburg ist zu neuem Leben erwacht und bereichert die österreichische Weinkultur (s. u. Winzer). Zum Renaissanceschloß wurde das Gebäude 1725 umgebaut, im Jahr 1740 ging es in den Besitz von Stift Zwettl über. Nach den Wirren des Zweiten Weltkriegs übernahm 1958 Pater Bertrand Baumann die Leitung von Gobelsburg und begann, nach und nach das ganze Schloß zu renovieren; u. a. richtete er das Museum ein. Auch für

seine Weine wurde er bekannt. Unter anderem gelang es ihm, den Meßwein salonfähig zu machen.
In Gobelsburg, das etwa einen Kilometer südlich von Langenlois liegt, wurde der 1. Bildstockwanderweg eingerichtet, der an schönen, alten Bildstöcken vorbeiführt. Ausgangspunkt dazu ist die Dreifaltigkeitssäule mitten im Ort.

Winzer und Heurige

Weingut Schloß Gobelsburg
Schloßstraße 16
3550 Gobelsburg
Telefon: 02734/24 22-0
Fax: 02734/24 22-20
Heuriger im Schloß-Innenhof.
Geöffnet: von Anfang Mai bis Ende Oktober, Mittwoch bis Sonntag 11.00 - 18.00 Uhr.
Die Weine aus der Schloßvinothek (zurück bis Jahrgang 1947) sprechen bis heute für den guten Ruf der damaligen Gobelsburger Weine.
Seit Februar 1996 werden Schloß und Weingut Gobelsburg von Michael Moosbrugger in Zusammenarbeit mit Willi Bründlmayer aus Langenlois bewirtschaftet.
Neben dem Weinbau wird auf Schloß Gobelsburg den traditionellen Feldfrüchten Aufmerksamkeit gewidmet: Weizen, Zuckerrübe, Mais, Roggen und Flachs. Aus den blühenden Roggenähren werden Pollen gewonnen, die in einer speziellen Maschine im Stift Zwettl aufbereitet und anschließend zur Medikamentenherstellung verwendet werden.
Flachs ist das Rohprodukt zur Gewinnung eines der ältesten Kleidungsstoffe - des Leinens.
Aber nicht nur Leinen, das aus der Langfaser der Pflanze gewonnen wird, sondern auch Dämm-Material, Papier und Schnüre können aus der Kurzfaser von Flachs erzeugt werden. Ziel des Duos Moosbrugger/Bründlmayer ist es, Schloß Gobelsburg mit seinen sehr guten Weinlagen, u. a. Heiligenstein, Gaisberg, Lamm und die Lagen um Kammern herum, genannt Allerheiligenstein-Stiftung, wieder zu einem der führenden Weingüter in Österreich zu machen.

Schloß Gobelsburg

Der Grüne Veltliner ist mit 50 Prozent die Leitsorte im Betrieb, gefolgt vom Riesling mit 25 Prozent. Von den blauen Sorten sind Zweigelt, Blauburgunder, eine alte Anlage am Heiligenstein mit bemerkenswerter Qualität, St. Laurent und Merlot ausgesetzt. Beachtenswert ist auch der Sekt Schloß Gobelsburg brut.
Dem Weingut ist ein empfehlenswerter Heuriger angeschlossen.

Gerald Schneider - Cobaneshof
Weinstraße 37
3550 Gobelsburg
Telefon: 02734/25 64-0
Fax: 02734/25 64-4

Gerald Schneider bewirtschaftet acht Hektar Weingärten im Kamptal. Die Hauptsorte des Weingutes ist der Grüne Veltliner, gefolgt vom Riesling. In den letzten Jahren konnte Kellermeister Gerald Schneider in puncto Qualität auf sich aufmerksam machen.
Dem Weingut ist ein empfehlenswerter Heuriger (Ruhetage Dienstag und Mittwoch) angeschlossen.
Zum Übernachten stehen vier Doppelzimmer bereit.

Schönberg am Kamp

Dieser etwas „versteckte“ und beliebte Wein- und Sommerausflugsort wurde erstmals 1168 urkundlich erwähnt und verweist stolz auf eine lange Weinbau- und Heurigentradition. Schönberg liegt mitten im Naturpark Kamptal, dem zweitgrößten Niederösterreichs, und ist von Langenlois aus über die Bundesstraße 34 Richtung Gars nach etwa fünf Kilometern erreichbar. Knapp 500 Hektar Weingärten, zu über 90 Prozent mit weißen Sorten bepflanzt, stehen im Ertrag. Empfehlenswert sind der Wald-, Fluß- und Weinlehrpfad - letzterer als Rundwanderweg angelegt -, die ausreichend beschildert sind. Sehenswert ist das alte Flußbad in der benachbarten Ortschaft Plank mit dem in Rot und in Weiß gestrichenen hölzernen Badehaus.

Winzer und Heurige

Weingärtnerei Josef Aichinger
Hauptstraße 15
3562 Schönberg am Kamp
Telefon: 02733/82 37
Knapp 10 Hektar Weingärten bearbeitet der ehemalige Sommelier Josef Aichinger gemeinsam mit seinem Schwiegervater in dessen Weingut. Grüner Veltliner ist auf verschiedenen Böden ausgepflanzt: in der Ried Renner auf Verwitterungsgestein, in der Ried Soss auf Löß. Im übrigen ist das Rebsortenspektrum sehr vielfältig und beinhaltet Riesling, Weißburgunder und Traminer sowie Welschriesling, Riesling-Sylvaner, Malvasier und blaue Sorten.
Im gemütlichen Heurigen mit Terrasse können die Weine mit kulinarischen Kreationen der Ehefrau kombiniert werden.

Information und Tips

Gemeindeamt Schönberg am Kamp
Hauptstraße 16
3562 Schönberg am Kamp
Telefon: 02733/82 27-0
Fax: 02733/82 27-27

Kammern - Etsdorf-Haitzendorf - Engabrunn

Kammern ist ein historischer Weinbauort, bezeugt seit dem 9. Jh. Er liegt an der „Weinstraße an der Donau“, direkt an der B 34, etwa eineinhalb Kilometer südöstlich von Langenlois. Sehenswert ist das historische Ensemble am Marktplatz mit Häusern aller Stilepochen, die unter dem Schutz der Haager Konventionen stehen, und die Kellergasse mit mehreren Heurigenbetrieben.

Herbstliche Kellergasse

Seit 1230 ist Etsdorf-Haitzendorf, ebenfalls an der B 34 Richtung Wien gelegen, ein traditioneller Weinbauort mit einer schönen Kellergasse und vielen Buschenschenken, die einen Besuch wert sind. In den genannten Ortschaften hat der Weinbau heute nicht mehr die Bedeutung wie in früheren Zeiten und wird, von wenigen Ausnahmen abgesehen, hauptsächlich von Nebenerwerbswinzern betrieben. In Engabrunn, etwa acht Kilometer südöstlich von Langenlois, an der B 34, befindet sich die älteste Weinpresse des deutschen Sprachraums.

Winzer und Heurige

Weingut Josef Hirsch
Kammern 25
3493 Hadersdorf am Kamp
Telefon: 02735/24 60
Keller: 02735/28 32
Die Arbeitsteilung im Weingut Hirsch in Kammern bei Langenlois kann als typisch für ein produktives Zusammenleben von älterer und jüngerer Winzer-Generation in Österreich gelten. Vater Josef betreut die Weingärten, Junior Johannes den Weinkeller und das Marketing. Zur Zeit werden etwas mehr als 16 Hektar in den besten Lagen in Zöbing, Straß, Kammern und Hadersdorf bewirtschaftet. Hervorragende Rieden wie Heiligenstein, Vogelsang und Gaisberg sind das Grundkapital; die Wertschöpfung ergibt sich aus der Bearbeitung der Weingärten und im Ausbaustil der Weine. Zur Zeit umfaßt das Angebot des Weinguts Hirsch bei den weißen Sorten Grüner Veltliner, Riesling, Chardonnay und bei den blauen, zur Zeit etwa 20 Prozent, Zweigelt, St. Laurent und Cabernet Sauvignon. Die Weine entsprechen ihrer Herkunft und erreichen je nach Jahrgangsqualität einen mehr oder weniger hohen, aber immer gut eingebundenen Alkohol.

Information und Tips

Marktgemeinde Etsdorf-Haitzendorf
Rathausstraße 74
3492 Etsdorf-Haitzendorf
Telefon: 02735/24 45-0

Gemeindeamt Hadersdorf-Kammern
Landsknechtplatz 1
3493 Hadersdorf am Kamp
Telefon: 02735/23 09-0
Fax: 02735/23 09-23

Straß im Straßertal

Als „Meran des Waldviertels“ wurde Straß schon mehrmals bezeichnet. Dies einerseits wegen seiner südexponierten Lage, andererseits wegen der Weine. Über Straß wurde bereits 1083 in einer Urkunde des Bischofs Altmann von Passau berichtet, der Weinbau hier erstmals 1302 in einem Schriftstück genannt. Heute werden etwa 550 Hektar Weingärten, von denen 84 Prozent mit weißen Sorten bestockt sind, bewirtschaftet.

Beachtenswerte Naturdenkmäler wie der Schwedentisch, die Fossiliengrube Obernholz und andere Sehenswürdigkeiten wie die bekannte Marienbrücke, eine barocke Doppelbogenbrücke, die frühbarocke Pfarrkirche „Mariä Himmelfahrt“ mit der angebauten

Loretokapelle aus dem Jahre 1638 und ihren herrlichen Außenfresken, die Lourdesgrotte in Elsarn sowie viele Bildstöcke entlang der markierten Wanderwege sind eine Besichtigung wert. Einer der ältesten Bildstöcke Niederösterreichs, das Schwertkreuz aus dem Jahre 1489, steht in der Placher-Kellergasse.
Zentraler Ausgangspunkt für unsere Wanderungen ist der Hauptplatz, wo sich eine Informationstafel neben der Telefonzelle befindet. Dort erfahren Sie nicht nur die richtige Markierung, den Schwierigkeitsgrad der Wege, sondern auch andere interessante Hinweise. Die Wanderkarte und eine ausführliche Beschreibung des Bildstockwanderweges erhalten Sie im Gemeindeamt, in Gasthäusern oder bei den Zimmervermietern. Der Rundkurs für Radfahrer beträgt 15 Kilometer und ist fast zur Gänze steigungsfrei.

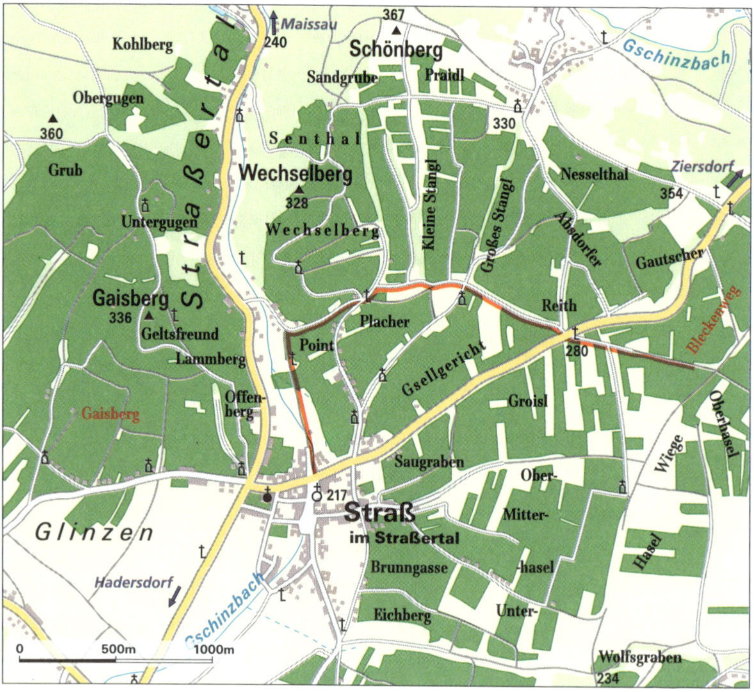

Straß liegt wenige Kilometer östlich von Langenlois und ist über eine Abzweigung von der B 34 in Hadersdorf leicht erreichbar.

Ried Gaisberg

Ein Ausläufer des Langenloiser Heiligensteins nach Osten ist der Gaisberg, in dessen Rieden, vor allem der Ried Gaisberg, Riesling und Grüner Veltliner sehr gute Qualitäten erbringen. Auch eine interessante Kellergasse gibt es zu sehen. In der Nähe der Informationstafel am Hauptplatz beginnt der idyllische Promenadenweg entlang des Gschinzbaches bis zum Sportplatz. Vor dem Armbrustschützenhaus überquert man die Talstraße und folgt dem Kohlbach ins romantische Kohlbachtal. Nach kurzer Rast bei der Barbara-Quelle und einem Glas frischem Quellwasser gelangt man bei der nächsten Abzweigung nach circa 500 Metern links abbiegend in den Manhartsberger Waldweg. Es führt Sie ein beschaulicher, leicht ansteigender Weg durch den Wald und die Weingärten zum Gaisbergkreuz. Hier werden Sie mit einem herrlichen Ausblick über Straß bis in den Süden zu den Bergen des Alpenvorlandes belohnt. Zum Ausgangspunkt zurück geht man den Gaisbergweg abwärts durch die Herrengasse.

Ried Bleckenweg

Wenn Sie Straß verlassen und Richtung Hohenwarth/Ziersdorf und damit an die Grenze zum Weinbaugebiet Weinviertel fahren, beginnt etwa nach einem Kilometer, gleich nach einem Kreuz am rechten Straßenrand, die Ried Bleckenweg. Grüner Veltliner und Riesling erbringen gute Qualitäten. Als „Blecken“ wurden früher Räuber bezeichnet, die die Salzfuhrwerke, die von der Donau nach Mähren unterwegs waren, überfielen. Der Name der Ried Bleckenweg geht angeblich darauf zurück. Eine andere Interpretation besagt, daß er von „Blicken“ kommt, weil man von hier eine schöne Aussicht bis zum Stift Göttweig hat. Die wohl zutreffendste besagt, daß der Name von einem Fernverkehrsweg kommt, der bereits 1083 erwähnt wurde. Er leitet sich ab vom Zeitwort „blicken“ und bedeutet im Zusammenhang mit dem Weg „offen sein“ oder „klaffen“. Dies trifft für die tief in den Löß eingeschnittenen Wege zu und auch für das unbewachsene Gelände, die blanke Krume.

Straß mit Gaisberg

Winzer und Heurige

Weinbau und Kellerei Peter Dolle
Herrengasse 2
3491 Straß im Straßertal
Telefon: 02735/23 26
Fax: 02735/28 57
Treffen Sie bei Ihrem Besuch des Weinguts Peter Dolle auf jemanden der aussieht wie der sprichwörtliche Germane aus einem prähistorischen Museum, dann haben Sie Peter Dolle jun. gefunden. Wie die Person, so die Weine - Riesling, Grüner Veltli-

ner, Chardonnay: ruhig, zum Relaxen. Die gegenseitig befruchtende Arbeitsaufteilung auf dem Weingut Dolle ist geregelt: Peter jun. ist für die Weinbereitung zuständig, Vater Peter für das Marketing und Mutter Mizzi mit Tochter Ingeborg (Köchin) und deren Ehemann Thomas für die empfehlenswerte Weinstube mit Innenhof-Terrasse.

Weingut Johann Topf
Herrengasse 6
3491 Straß im Straßertal
Telefon: 02735/24 91
1990 übernahm Sohn Johann Topf die Leitung des Weinguts, bereits in dem Bewußtsein, daß nur Qualität, nicht Masse zählt. Vom Vater gelernt hat er die intensive Pflege der Rebflächen und die Begeisterung für den Weinbau. Beide, Vater und Sohn, sind verbunden im ständigen Dialog über etwaige Erneuerungen. Vater Topf arbeitet nach wie vor im Weingarten und achtet penibel darauf, daß Qualitäten heranreifen. In den Weingärten wurde im Sinne einer hochwertigen Produktion mit intensivem Ausdünnen begonnen und die Reberziehung in Hochkultur, soweit vorhanden, wieder auf niedrige Stämme umgestellt. Investitionen und Erneuerungen folgten im Keller mit der Einführung von Stahltanks, in denen alle Weine temperaturkontrolliert gären, neuen Filtern oder im Austausch der Pumpen. Die kräftigen Weine werden im Holz ausgebaut, dagegen die leichtfruchtigen im Stahltank. Qualitätsweine - Grüner Veltliner, Riesling, Weißburgunder, Chardonnay - aus eigenen Rieden werden konsequent in Bouteillen vermarktet.

Unterkunft und Essen

Gasthof Johann Maglock
Marktplatz 30
3491 Straß im Straßertal
Telefon: 02735/24 27-0
Das zentrale Gasthaus im Ort bietet modern ausgestattete Zimmer, Seminarräume, bodenständige Küche und interessante Eigenbauweine. Mit Gastgarten.

Feine Jause aus der Region

Gästehaus Haslinger-Hutter
Prof. Kaserer-Weg 355
3491 Straß im Straßertal
Telefon: 02735/57 65-0
Ein modern ausgestattetes, gemütliches 25-Betten-Gästehaus in zentraler Lage und ruhiger Grünlage gelegen.

Information und Tips

Gemeindeamt Straß im Straßertal
Marktplatz 18
3491 Straß im Straßertale
Telefon: 02735/24 95-0
Fax: 02735/52 74

Weinbau- und Faßbindermuseum / Vinothek
„Von der Rebe bis ins Glas"
Langenloiser Straße 199
3491 Straß im Straßertal
Telefon: 02735/24 95-0
Vinothek: 02735/39 00
Das Weinbaumuseum präsentiert den Weinbau in der historischen Dimension. Die ehemalige Werkstatt der Faßbinderfamilie Schmid aus Straß ist in ihrer Originaleinrichtung in einem Zustand zu besichtigen, als hätte der Meister nur für einen Moment seinen Arbeitsplatz verlassen.

Niederösterreich-Information
Fischhof 3
1010 Wien
Telefon: 01/5 36 10-62 00
Fax: 01/5 36 10-60 60

Tourismusverband Kamptal
http://www.kulturpark-kamptal.at
http://www.kamptal-service.at

Radwandern

Als zentraler Ausgangspunkt für Wanderungen und Fahrten durch das Weinbaugebiet Kamptal bietet sich Langenlois (Informationen im Ursin Haus, s. S. 110) an.
Der Kamptalradweg ist in beiden Richtungen befahrbar. Sie können bereits in Altenwörth (Abzweigung vom Donauradweg) bei der Kampmündung einsteigen. Der Weg führt von Altenwörth/Krems über Altenburg bis in das Waldviertel und ist durchgehend beschildert.
Variante: Von Krems aus durch das Kremstal nach Rehberg, hinauf nach Stratzing und Lengenfeld und schließlich nach Langenlois ins Kamptal hinab.
Tagestour, für Familien geeignet, zweimal sind kleine Anstiege zu bewältigen. Fahrstrecke: Altenwörth –

Rosenburg ca. 50 km, bis Horn 56 km, bis Sigmundsherberg 62 km. Die Rückfahrt ist mit der Kamptalbahn möglich. Die Züge verkehren stündlich, Stationen in allen Orten.

Österreichische Bundesbahnen
Bahnhof Krems
Bahnhofsplatz 3
3500 Krems
Telefon: 02732/8 25 36-0

Bahnhof Hadersdorf
Am Bahnhof 8
3493 Hadersdorf am Kamp
Telefon: 02735/23 70

Bahnhof Horn
Bahnhofstraße 36
3580 Horn
Telefon: 02982/23 14

Weitere Information über Radvermieter geben die Niederösterreich-Information beziehungsweise das Ursin Haus und der Kulturpark Kamptal.

Radwandern im Kamptal

TRAISENTAL

N
W
O
S
0 250 500 750 1000 1500 2000 2500 m
Weinbaugebiet Kremstal
Spatzen
349 Hintern
RIED
In der Tränk
Runde Heide
422
Brunn-
doppel
392
Böckbild
Galgenleiten
384
THEYERN
438
Maria Ellend
424
Im Tal
Stoarfeld
Point
Sonnschein
KUFFERN
(295)
366
Händelgraben
Rampelkreuz
Hausberg
Rothen-
barth
Zwirch
Grillen-
büchel
Gieß-
graben
Feldsetzen
Brunn
ANZENBERG
Wetzmannsthal
Prutten
WETZMANNSTHAL
Schl.
WALPERSDOR
236
STATZENDORF
Gerichtsberg
389
Schauerberg
Leiten
WIELANDSTHA
EDERDING
(254)
WIESING
272
Ober
Neuberg
Im Sand
Großer Kölbling
KRENNTAL
ROTTERSDORF
In den Aspen
Im Kölbling
Johannes-
brunnen
345
HERZOGENBUR
(229)
Am Hainer Berg
238
OBERNDORF
Kurzer
377
493
albheid
528
Anzgraben
460
UNTERWÖLBLING
Unter
Antingen
Antingen
336
Leithen
Anzingen
273
KÜHSTAND-
SDLG.
Anzgraben
Bad
Wimmern
Satzfeld
Satzen
OBERWÖLBLING
(342)
Eichfelder
Vogelsang
Poentnern
Schl.
Langviertel
HERMANN-
SCHACHT
Kirchbühel
331
ANDERSDORF
Lange Gasse
Anzenhofer B.
291
Bhf.
ANZENHOF
HAUSHEIM
(288)
Sdlg.
SW.
AMBACH
ABSDORF
295
270
299
Noppenbach
Holzstraße
358
Satzen
RATZERSDORF
Kreuzfeld
287
NOPPENDORF
303
WEIDLING
GRÜNZ
EITZENDORF
Fladnitz
OBRITZBERG
FUGGING
366
SCHWEINERN
274
276
LANDHAUSEN
343
WINZING
Griffling
KLEINRUST
(299)
Kleinruster Gr.
432
348
HEINIGSTETTEN
328
GROSSRUST
GREILING
497
Wachtberg
383 OBERMERKING
278
ZAGGING

Krems
DONAU
Weinbaugebiet Donauland
Schretten
Judenweg
Rosengarten
Bergern
Fischerlacke
Mittersaum
Mitterau
Mühlbach
Traisen
ST. GEORGEN an der Traisen
WAGRAM ob der Traisen
Schweizergrund
Schweizerhof
Binteile
Mitterteile
Setzen
In Mäuern
Kagran
RITTERSFELD
FRAUENDORF
Donaufeld
STOLLHOFEN
TRAISMAUER
Sau Point
Feld Satzen
FRANZHAUSEN
Untern Franzhausner Kirchweg
Buchhammer
MITTERNDORF
HILPERSDORF
Czechkreuz
Neumühle
Ob. Romau
VENUSBERG
Hühner Kropf
Schulenberg
Vorberg
Galgenleithen
BERGHÄUSER
IM TOBEL
Im Greillen
NASENBERG
Straßfeld
GEMEINLEBARN
Lobfeld
Bachäcker
Brunberg
Zachling
Nasenberg
Ebene
Pointen
Hennerin
Langes Feld
Wolfswinkel
WALDLESBERG
Bergkpl.
Weinberg
Mitter Straßl
Hintern Eichberg
Tulln
Hst.
Obergrießfeld
CHERSDORF
Tiegeln
Au Kogel
Scheibenfeld
Vier Eichen
Tobelgraben
ERSDORF
OBERNDORF am Gebirge
Tonnen
Leiten
Fuchsen Rand
Reutbühel
Seelackenberg
Auf der Tanne
Kuhgraben
Tannenleiten
Berg
Spiegelberg
Spiegel Tal
Dürrleiten
Fichtenau
EINÖD
Eindgraben
Vogelsang
Oberer Sattel
Mitterweg
Schloßau
Hühnerbühel
Gradfeld
Unterer Sattel
ANGERN
Fuchsleiten
HAMETEN
UNTER-
ADLETZBERG
Auried
ST. ANDRÄ an der Traisen
Kleine Barockstraße
OBER-
GUTENBRUNN
Wiesenkreuz
Rotes Kreuz
Untere-
Obere-
Breiten
Trinkgraben
Reidlingggr.
Eichb
Mühlgraben
UNTERWINDEN
HEILIGENKREUZ
Schl.
Pottschall
Wiesfeld
OBERWINDEN
Schneidergrab
Hottal
Juchezbaum
Weichselberg
Lange Lissen
Gutenbrunner Wald
Hausenfeld
Kleine Barockstraße
Weingraben
Prang
Gstettenfeld
Langfeld
Weingartfeld
LANGMANNERS-
OSSARN
WEISSENKIRCHEN an der Perschlin
KILLING
ETZERSDORF
Pölten
Kapelln
TRAISENTAL

Freude am Wein hat man nur, wenn man versucht, den Wein zu verstehen. Die Antwort auf viele Fragen gibt nur der Wein im Glas. Weinregeln sind meist vernünftig, aber sie sind keine Gesetze. Wer Freude am Wein haben will, hat seine eigenen Regeln. Liebhaber und Kenner wählen den Wein, der zum Essen, zur Landschaft und zur Jahreszeit paßt. Es muß kein „Spitzenwein" sein.

Dort, wo sich das Hügelland des Mostviertels zur weiten Tallandschaft des Flusses Traisen öffnet, befinden sich die Weingärten des Gebietes Traisental. Es ist das jüngste österreichische Weinbaugebiet; bis zur Gesetzesnovelle im Sommer 1995 zählte es zur Weinbauregion Donauland. Weine des Jahrgangs 1995 sind die ersten, die unter der neuen Bezeichnung abgefüllt wurden.

Die ungefähr 700 Hektar große Rebfläche liegt zwischen der Donau und der niederösterreichischen Landeshauptstadt St. Pölten. Hauptorte sind Traismauer, bereits unter den Römern besiedelt, und Inzersdorf ob der Traisen, ebenso wie Traismauer im Nibelungenlied erwähnt, Nußdorf an der Traisen und Herzogenburg. Aufgrund von Funden wird angenommen, daß bereits um 2000 vor Christus in dieser Gegend Reben gezogen wurden. In einer Schenkungsurkunde von 1083 werden drei Weingärten „zu Nuzdorf", heute Nußdorf, erwähnt, die dem Stift Göttweig übergeben wurden.

Eine Hauptanfahrroute in dieses Weinbaugebiet führt von Krems aus über Mautern (Grenze Wachau) und Hollenburg (Grenze Kremstal) über die S 33, die andere direkt von St. Pölten aus. Auch der Donauradwanderweg geht entlang der Donau am Traisental vorbei. 4 Kilometer westlich von Traismauer liegt Nußdorf ob der Traisen. Von hier aus lassen sich verschiedene Rad- und Wander-

Verborgene Schätze lagern hier

touren bis nach Herzogenburg über die Weinorte Inzersdorf und Getzersdorf einplanen. Das Traisental ist mit 550 km markierten Wegen bestens geschaffen für Radfahrer aller Leistungsstufen.

Selbst Liebhaber von Weinen aus der Wachau müssen zugeben, daß das Tal der Donau nicht so lieblich ist wie das der Traisen. Vielleicht ist es großartiger. Die Donau ist ein mächtiger Strom, die Hügel zu beiden Seiten sind hoch, von alten Burgen gekrönt. Es ist eine heroische Landschaft, aber die zarte, romantische Stimmung, die man an einem Spätsommernachmittag zu beiden Seiten der Traisen findet, gibt es nicht in der Wachau, auch nicht in Krems, außer man hat viel von den ausgezeichneten Weinen getrunken, die dort produziert werden.

An die Besiedlung durch die Römer und deren Befestigungsanlagen - den Limes - gegen die Germanen erinnern nicht nur Überreste der Bauwerke, sondern auch Namen wie eben Traismauer. Die Nibelungen sollen, als sie durch diese Gegend zum Hof des Königs Etzel ritten, mit Wein bewirtet worden sein. Im Traisental förderten die größten Ausgrabungen Mitteleuropas zahlreiche Funde aus der Stein-, der Bronze- und der Hallstattzeit zutage.
Die Böden bestehen teils aus Granulit, teils sind sie schottrig, oder es wurde Löß angeweht. In der Ebene, wo Ackerbau vorherrscht, sind sie tiefgründig und fruchtbar. Im Weinbaugebiet Traisental überwiegen weiße Rebsorten, die am meisten ausgepflanzte Sorte ist der Grüne Veltliner mit etwas mehr als 60 Prozent. Das Riedenbewußtsein ist nicht sehr ausgeprägt.
Im westlichen Teil, zwischen Inzersdorf und Nußdorf, gibt es größere Obstkulturen und einige Buschenschenken.

Weingärten oberhalb Traismauer

Traismauer

Das imposanteste Mauerwerk ist das 1600 Jahre alte Römertor mit seinen beiden Hufeisentürmen. Durch das Wahrzeichen der Stadt floß damals wie heute der Verkehr auf der „Via Principalis", jetzt schlicht Wiener Straße genannt, Richtung Hauptplatz, auf dem das kulturhistorisch wertvollste Erbe, das Schloß Traismauer, steht. Dieses war ursprünglich ein Kleinkastell der römischen Spätepoche. Derzeit wird das Schloß als Frühgeschichtsmuseum und als Veranstaltungs- und Kulturzentrum genutzt. Auch der Hunger- oder Reckturm in der idyllischen Florianigasse geht auf die Römerzeit zurück und beherbergt das Heimatmuseum. Ausgrabungen unter der Stadtpfarrkirche mit bestätigtem Ursprungszeitraum zwischen dem 1. und 9. Jahrhundert nach Christus sind weitere wichtige Spuren der Geschichte.
Um die alte Römerstadt Traismauer herum werden etwa 200 Hektar Weingärten überwiegend im Nebenerwerb bewirtschaftet.

Winzer und Heurige

Oezelt Hof - Rudolf Hofmann
Oberndorfer Straße 41
3133 Traismauer
Telefon: 02783/73 54 oder
0676/3 13 35 66

Seit 1842 ist der Oezelt Hof in Familienbesitz.
10 Hektar bewirtschaftet heute Rudi Hofmann, einer der interessantesten Jungwinzer Österreichs. Aufgefallen - ungewöhnlich in dieser Qualität für die Region - ist Rudi Hofmann mit den Grünen Veltlinern und den Rieslingen sowie den Mischsätzen (Kompositionen I. u. II.). In diesen Weinen spiegelt sich die Region von der besten Seite wider. So wie die Weine, so ist der Mensch Rudi Hofmann: jung, forsch und ideenreich. Er ist quasi ein Abbild der neuen österreichischen Winzer-Generation, die Altbewährtes mit Neuem auf hohem Niveau vereinen kann.

Der Weg zum Oezelt Hof bedarf einer genauen Beschreibung: Abfahrt von der Schnellstraße S 33 bei der Ausfahrt Herzogenburg Nord. Dann führt Sie die Bundesstraße Richtung Traismauer, die Sie nach etwa 3 Kilometer rechts abbiegend Richtung Einöd verlassen. Unmittelbar nach der Überquerung des Traisenflusses biegen Sie linker Hand Richtung Traismauer ab. Das dritte Haus nach der Kapelle ist der Oezelt Hof.

Unterkunft und Essen

Gasthof zum Schwan
Wiener Straße 12
3133 Traismauer
Telefon: 02783/62 36-0 od. 64 62-0
Restaurant mit gutbürgerlicher Küche und Komfortzimmern.

Nibelungenhof
Wiener Straße 23
3133 Traismauer
Telefon: 02783/63 49-0
Fax: 02783/63 49-6
Gourmetrestaurant - nur abends geöffnet von Dienstag bis Samstag; eine Reservierung ist empfehlenswert. Terrasse und Übernachtungsmöglichkeit.

Information und Tips

Gemeindeamt Herzogenburg
Rathausplatz 8
3130 Herzogenburg
Tel.: 02782/8 33 15-0
Fax: 02782/8 28 21

Tourismusinformation für die Stadt St. Pölten
Rathausplatz 1
3100 St. Pölten
Telefon: 02742/35 33 54
Fax: 02742/3 33-28 19

Schloß Traismauer
Gästeinformation
Schloßvinothek „Regio Tragisana“
Hauptplatz 1
3133 Traismauer
Telefon: 02783/85 55
Museum für Frühgeschichte
Telefon: 02783/62 72

Saurierpark Traismauer
Stollhofen
3133 Traismauer
Telefon: 02783/61 70
Ein vergnüglicher Abstecher für Familien mit Kindern.

Inzersdorf

In Inzersdorf ob der Traisen, am Fuße des Parapluiberges gelegen, stehen etwa 75 Hektar Weingärten, die zu drei Vierteln mit Weißweinsorten bepflanzt sind, im Ertrag.
Vom Parapluiberg, dessen Hügelzug an das Burgund erinnert, hat

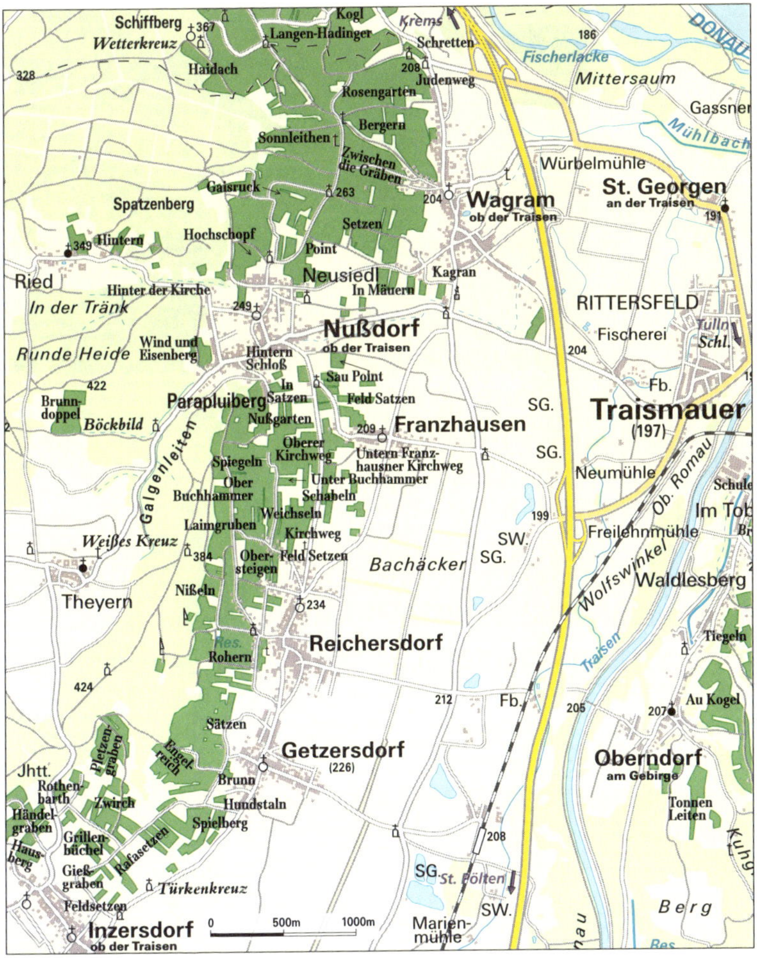

man einen wundervollen Ausblick über das Traisental. Inzersdorf ist eine ruhige Ortschaft, die etwas verschlafen wirkt und sowohl von Herzogenburg aus, wo der Weinbau eine untergeordnete Bedeutung hat, und Traismauer leicht erreichbar ist. Gut ausgeschilderte Straßen weisen den Weg.

Liebliches Traisental

Winzer und Heurige

Ludwig Neumayer
3130 Inzersdorf 22
Telefon: 02782/8 29 85
Das Traisental als landschaftlich schön gelegene Region zwischen Herzogenburg und Traismauer ist dem Weinfreund nicht sehr geläufig. Umso mehr überraschen immer wieder die Weine aus dem Haus Neumayer. Dieses Weingut ist ein Symbol für den Aufbruch nach dem Krisenjahr 1985.
Sohn Ludwig Neumayer, verantwortlich für heute 7 Hektar Weingärten und den Keller, ist ein ruhiger Tüftler. Er beschäftigt sich gerne mit Ampelographie, um die richtigen Sorten und Klone für die jeweiligen Lagen zu finden; vor allem, seit sich in den letzten Jahren bei geringeren Erträgen als früher und durch gesündere, natürliche Bodenbearbeitung und des dadurch reiferen Traubenmaterials der Sortentypus verändert hat.
So setzt Ludwig Neumayer auf eige-

ne Sorten- und Bodenstudien sowie Beobachtungen. Die Böden sind in Inzersdorf sehr unterschiedlich, und es bedarf einer geschickten Winzerhand, um das bestmögliche Resultat zu erzielen. Die Hauptrebsorte ist Grüner Veltliner, der nach Lagen getrennt ausgebaut wird.
Der Durchbruch kam 1986 mit dem Weißburgunder; die Weine aus dieser Sorte zählen seither zu den besten des Weinguts. Die Weine werden von Ludwig Neumayer im modernen Keller entsprechend ihrer Reife und Typik ausgebaut. Sie wirken auch bei hohem Alkoholgehalt eher schlank und reduktiv. Die Linie „Vom Stein" - Weißburgunder, Riesling und Chardonnay - steht für die gehaltvolleren Weine. In ihrer Jugend oft verschlossen und hart, sind sie mit ausreichender Flaschenreife nach zwei oder mehr Jahren ein Genuß. Wenn die Witterungsbedingungen es zulassen, wird auch - allerdings nur in sehr kleinen Mengen - Eiswein gekeltert.

Information und Tips

Stift Herzogenburg
Stiftsgasse 3
3130 Herzogenburg
Telefon: 02783/8 31 12-0

Das Stift der Augustiner-Chorherren wurde 1112 in St. Georgen an der Donau gegründet und 1244 wegen der Donauhochwässer nach Herzogenburg verlegt. Stift und Kirche wurden von Jakob Prandtauer geplant und ab 1714 gebaut, von Joseph Munggenast 1740 vollendet.

Radwandern

Die Region ist relativ unbekannt, aber entdeckenswert. Neben alten, schönen Kellergassen lädt vor allem das Hinterland - von Traismauer Richtung Klosterneuburg bzw. zum Parapluiberg - zum Wandern und Radfahren ein.
Verschiedene Themen-Radwege, zum Beispiel „Wein und Ackerbau", werden angeboten.

Bahnhof Traismauer
Bahnhofstraße 11
3133 Traismauer
Telefon: 02783/62 80
Über andere Rad-Vermieter geben die Informationsstellen Auskunft.

Niederösterreich-Information
Fischhof 3
1010 Wien
Telefon: 01/5 36 10-62 00
Fax: 01/5 36 10-60 60

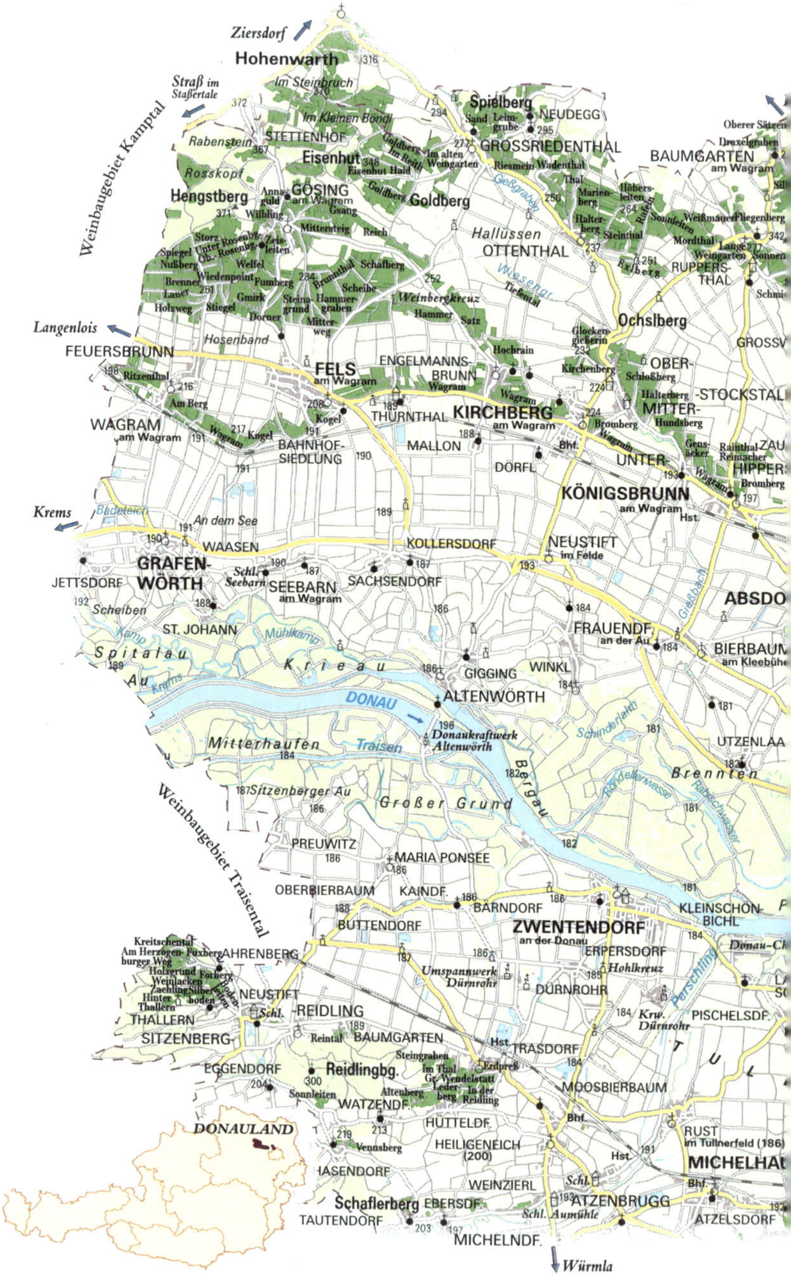

Ziersdorf
Hohenwarth
Straß im Straßertale
Weinbaugebiet Kamptal
Im Steinbruch
Im Kleinen Bondl
Spielberg
NEUDEGG
Sand
Leimgrube
GROSSRIEDENTHAL
Rabenstein
STETTENHOF
Eisenhut
Eisenhut Haid
Goldberg
Im alten Weingarten
Riesmein
Wadenthal
Rosskopf
Hengstberg
Annasguld
GÖSING am Wagram
Gsang
Goldberg
Wilbling
Mittersteig
Reich
Hallüssen
OTTENTHAL
Gießgraben
Thal
Marienberg
Höbersleiten
Halterberg
Steinthal
Sonnleiten
Weißmauer
Fliegenberg
BAUMGARTEN am Wagram
Obere Sätzen
Draxelgraben
Mordthal
Lange Weingarten
RUPPERSTHAL
Erlberg
Storz
Unter Rosenberg
Ob. Rosenberg
Zeisleiten
Spiegel
Nußberg
Welfel
Wiedenpoint
Brenner
Fumberg
Brunnthal
Schafberg
Laner
Scheibe
Gmirk
Holzweg
Stiegel
Steinagrund
Hammergraben
Weinbergkreuz
Wiesengr.
Tiefental
Dorner
Mitterweg
Hammer
Satz
Langenlois
Hosenband
Glockengießerin
Ochsberg
GROSSW
FEUERSBRUNN
Hochrain
Ritzenthal
FELS am Wagram
ENGELMANNSBRUNN
Wagram
OBER-
Kirchenberg
Schloßberg
Halterberg
-STOCKSTAL
Am Berg
Kogel
THURNTHAL
KIRCHBERG am Wagram
MITTER-
Hundsberg
Wagram
WAGRAM am Wagram
Bromberg
Kogel
BAHNHOFSIEDLUNG
MALLON
Bhf.
Gensäcker
Rainthal
Reimacher
UNTER-
HIPPERS
DÖRFL
KÖNIGSBRUNN am Wagram
Bromberg
Hst.
Krems
Badeteich
An dem See
WAASEN
KOLLERSDORF
NEUSTIFT im Felde
GRAFENWÖRTH
JETTSDORF
Schl. Seebarn
SEEBARN am Wagram
SACHSENDORF
ABSDO
Gießbach
Scheiben
ST. JOHANN
Mühlkamp
FRAUENDF. an der Au
BIERBAUM am Kleebühel
Kamp
Spitalau
Krieau
GIGGING
WINKL
Au
Krems
DONAU
ALTENWÖRTH
Donaukraftwerk Altenwörth
Schinderlahn
Mitterhaufen
Traisen
UTZENLAA
Bergau
Brennten
Rondellenwasser
Rabenschwasser
Sitzenberger Au
Großer Grund
Weinbaugebiet Traisental
PREUWITZ
MARIA PONSEE
OBERBIERBAUM
KAINDF.
BÄRNDORF
KLEINSCHÖNBICHL
BUTTENDORF
ZWENTENDORF an der Donau
Donau-Ch
Kreitschental
Am Herzogenburger Weg
Fuxberg
AHRENBERG
ERPERSDORF
Holzgrund
Forberg
Hohlkreuz
Weinlacken
Zaehling
Silberboden
Bodenleiten
Umspannwerk Dürnrohr
Hinter Thallern
NEUSTIFT
DÜRNROHR
Perschling
Schl.
-REIDLING
THALLERN
Krw. Dürnrohr
PISCHELSDF.
SITZENBERG-
Reintal
BAUMGARTEN
Hst.
TRASDORF
Steingraben
Im Thal
Erdpreß
EGGENDORF
Reidlingbg.
Gr. Wendelstatt
Lederberg
In der Reidling
TUL
MOOSBIERBAUM
Sonnleiten
Altenberg
WATZENDF.
DONAULAND
Bhf.
HUTTELDF.
RUST im Tullnerfeld (186)
Vennsberg
HEILIGENEICH (200)
Hst.
MICHELHA
HASENDORF
Schl.
WEINZIERL
Bhf.
Schaflerberg
EBERSDF.
ATZENBRUGG
TAUTENDORF
Schl. Aumühle
ATZELSDORF
MICHELNDF.
Würmla

DONAULAND

Weinbaugebiet Weinviertel
Winkel
Berg
Hausberg
Hirschberg
Leitwein
GROSSWEIKERSDORF
Gratzkapelle
Stockerau
KLEINWIESENDORF
TIEFENTHAL
HÖFLEIN a. d. Donau
Bhf.
St. Andrä-Wördern, Zeiselmauer
Am Eichberg
Schwippeln
DONAU
Hundsberg
Grüne Leiten
Alter Hof
Mittereck
Kahle Leiten
Fex-leiten
Sonnleiten
Hofstätte
Steingasse
Thalen
Klosterneuburger Durchstich
KRITZENDORF
Freiberg
KLOSTER-NEUBURG
Hengsberg
Tullner Wiesen
Felenz-graben
KIERLING
Fellergraben
Stift
DOPPELN
STELLENWIESE
Buchberg
Römerl
Schwiebel
Lahmgstätten
Haseldorfer
Schwarzes Kreuz
SUMMER-SIEDLUNG
Dünne Gais
Felder
Schreiber
Rosen
Göbling
Hochriegel
Schwabappel
Wiegen
Harrer
Rothäcker
Franzhauser
Untere Ziegelgrub
Obere Ziegelgrub
WEIDLING
Oberleiten
Kreit
Steinwand
Flohbühel
Kammersberg
Weidlingb.
Nußdorf
Simonsberg
Weinbauregion Wien
N
W
O
S
0 500 1000 1500 2000 3000 4000 5000 m
Horn
NEUAIGEN
Schloß
TRÜBENSEE
Waldsee
Bildereiche
Stockerau, Wien
Obere Au
Gansmüllerhaufen
Hechtengraben
DONAU
TULLN
Schst.
RAFELS-WÖRTH
LANGENLEBARN
MUCKENDORF a. d. D.
Weinwartshof
KRONAU
Aubad
Bhf. Tulln
OBERAIGEN
UNTERAIGEN
Gr. Tulln
Zucker-fabrik
WIPFING
ZEISELMAUER
ASPARN
WOLFPASSING
FRAUENHOFEN
KÖNIGSTETTEN
NITZING
STRASSDORF
Aspern
Lehzelter
Liebel
Dultetzen
TULBING
Zwerchwegen
Angen
Frauen-Fingen
leiten
Höhen
UNTER-KIRCHBACH
Golarner Leiten
BAUMGARTEN am Tullnerfeld
KLEIN-STAASDORF
CHORHERRN
Tulbinger Kogel
JUDENAU
FEUNDORF
KATZELSDORF
Leopold-Figl-Warte

Das Weinbaugebiet Donauland erstreckt sich entlang der Donau zwischen den Weinbaugebieten Kremstal und Wien. Seit Einführung der Einteilung in Weinbaugebiete mit dem Weingesetz von 1985 hat das Donauland zwei entscheidende Veränderungen erfahren: bis 1993 war es mit dem östlich von Wien liegenden Weinbaugebiet Carnuntum zusammengefaßt, und im Sommer 1995 wurde das Traisental als eigenes Weinbaugebiet festgelegt und vom Donauland losgelöst. Fast alle österreichischen Weine wachsen auf einem Boden, der für andere landwirtschaftliche Produkte ungeeignet ist. Gäbe es dort keine Reben, so wäre es Brachland, gut für Hutweiden und Wälder. Für viele Weinbaugebiete gilt, was ein geflügeltes Wort aus dem Burgund nüchtern umschreibt: „Wären wir nicht so arm, wären wir nicht so reich." Die österreichischen Weinlagen sind kaum mit anderen landwirtschaftlichen Kulturen vermischt, wie zum Beispiel in Italien. Der jeweilige Geschmack der Traube, ob nun Riesling, Grüner Veltliner etc., ist in den Weinen mit dem Geschmack des Bodens wie Löß oder Schiefer abgestimmt. In der Fachsprache nennt man das Terroir. Viele niederösterreichische Weine haben einen herben Geschmack, man kann sie fast beißen. Einige Weinkenner bezeichnen sich deswegen auch als „Weinbeißer".

Im Weinbaugebiet Donauland lassen sich nicht nur schöne Wanderrouten finden, sondern auch viele Buschenschenken, die leider in

der Regel immer erst ab dem späten Nachmittag geöffnet haben. Die Landschaft des Wagram, das Zentrum des Weinbaugebietes Donauland, ist sanft und touristisch wenig erschlossen. Von Anfang bis Mitte Mai verbreiten vor allem die Blüten der Akazienbäume ihren süßlichen Duft. In den Weingärten überwiegen weiße Sorten, die wichtigste ist der Grüne Veltliner. Tradition haben, obwohl sie nur mehr selten zu finden sind, der Rote Veltliner und der Frührote Veltliner. Manche Weinorte versprühen noch einen Hauch von Tradition, aber die moderne Zeit hinterläßt auch hier ihre Spuren, wie manche Zweckbauten deutlich verraten. Und in einigen Orten ist es um den Weinbau nicht gut bestellt, da viele Betriebe keine Nachfolger haben. Entdeckenswert ist die Region allemal.

Mit Ausnahme von Klosterneuburg befinden sich die Rebflächen von ungefähr 2.800 Hektar am nördlichen Ufer der Donau entlang des sogenannten Wagram. Wie im östlichen Teil des Kremstals, bestehen die Böden hier überwiegend aus Löß, in Klosterneuburg aus Sandstein mit Löß- und Lehmauflagen.
Das Klima wird von der Abschirmung gegen die kalte Luft aus dem Norden durch die Ausläufer des Manhartsberges im Nordwesten, vom Einfluß der Donau und von der Öffnung zum pannonischen Raum hin geprägt. In klimatisch schlechten Jahren, wenn die Reben in vielen Gebieten Österreichs nicht genug Sonne haben, müssen die Weinhauer dem gärenden Most etwas Zucker beigeben, um den Alkoholgehalt des Weines zu erhöhen. Man nennt das „Aufbessern". Dabei wird der Zucker dem Most beigegeben, niemals dem fertigen Wein.
Heute stehen die Weine der Region im Schatten der bekannteren aus der Wachau, dem Kamptal und dem Kremstal. Dennoch ist das Bemühen um Qualität, insbesondere der jüngeren Winzer, deutlich zu spüren. Zwei Gemeinschaften seien genannt: das „Collegium Vinum Wachrain", dessen beste Weine als „Wagramer Selektion" verkauft werden, und die „Erste Vereinigung naturnahen Weinbaus in Österreich" mit Sitz in Großriedenthal.

Fels am Wagram

Die Ortschaft Fels liegt am südlichen Rand des Weinbaugebietes Donauland und ist Ausgangspunkt unserer Tour quer durch den Wagram. Die Weingärten der Marktgemeinde sind auf Löß angelegt und zu 80 Prozent mit Weißweinsorten bepflanzt. In letzter Zeit wird vermehrt Rotwein, hauptsächlich Zweigelt, erzeugt.

Mitten in den Weingärten, an den Hängen des Wagram, befinden sich sieben Kellergassen, von denen jede sehenswert und leicht begehbar ist. An der Straße nach Gösing liegt nach ca. einem Kilometer zu rechter Hand die Ried Dorner, in der Grüner Veltliner, Riesling, Müller-Thurgau und Zweigelt ausgepflanzt sind. Die Rieden Steinagrund (Grüner Veltliner), Mitterweg (Grüner Veltliner, Chardonnay, Roter Veltliner, Zweigelt und Weißburgunder), Hammergraben schließen Richtung Osten direkt an die Ried Dorner an. Als beste Lagen vor Ort gelten die Rieden Hammergraben - mit den Sorten Grüner Veltliner, Chardonnay, Roter Veltliner, Zweigelt, Weißburgunder - und Scheibe, östlich der Ried Hammergraben gelegen, mit Rotem Veltliner, Traminer, Weißburgunder und Zweigelt. Nach Fels am Wagram gelangt man von Wien aus über die Donauuferautobahn A 22, die Ausfahrt Stockerau West und die B 3 bis Kollersdorf, wo man Richtung

Herbstliche Verfärbung

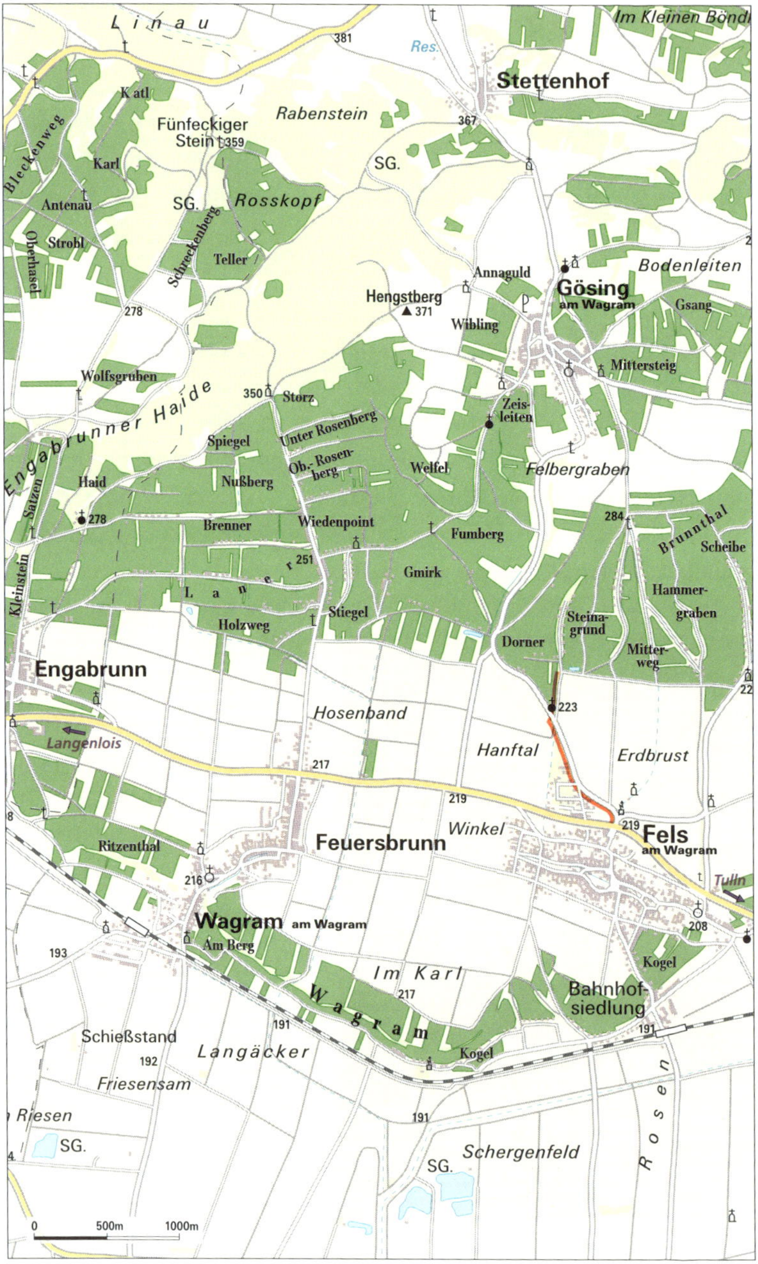
Linau
381
Res.
Im Kleinen Böndl
Stettenhof
Katl
Fünfeckiger Stein 359
Rabenstein
367
Bleckenweg
Karl
SG.
Antenau
SG.
Rosskopf
Strobl
Schreckenberg
Teller
Oberhasel
Annaguld
Bodenleiten
Gösing am Wagram
Hengstberg
371
Gsang
278
Wibling
Mittersteig
Wolfsgruben
350
Storz
Engabrunner Haide
Zeisleiten
Unter Rosenberg
Spiegel
Ob. Rosenberg
Welfel
Felbergraben
Haid
Nußberg
Satzen
278
Brenner
Wiedenpoint
284
Brunnthal
Fumberg
Scheibe
251
Laner
Gmirk
Kleinstein
Hammergraben
Stiegel
Steinagrund
Holzweg
Dorner
Mitterweg
Engabrunn
223
Hosenband
Langenlois
Hanftal
Erdbrust
217
219
219
Winkel
Fels am Wagram
Feuersbrunn
Ritzenthal
216
Tulln
208
Wagram am Wagram
Am Berg
193
Kogel
Im Karl
217
Bahnhofsiedlung
Wagram
191
191
Schießstand
Langäcker
Kogel
192
Friesensam
Riesen
191
Rosen
SG.
Schergenfeld
SG.
0
500m
1000m

Langenlois auf die B 34 einbiegt. Nach ca. 3 km erreicht man Fels am Wagram. Von der Westautobahn, der A 1, empfiehlt sich die Anreise über St. Pölten und Krems auf der S 33, Abfahrt Krems Nord, dann die B 3 entlang bis Kollersdorf.

Winzer und Heurige

Franz Leth
Kirchengasse 6
3481 Fels am Wagram
Telefon: 02738/22 40-0
Fax: 02738/22 40-17
Unter den Winzern des Wagram bemühen sich vor allem die jüngeren um ganz herausragende Qualitäten. Einer von ihnen ist Franz Leth, Winzer und Händler in einer Person. Mit seinem Vater bewirtschaftet Leth mehr als 33 Hektar Rebfläche.
Der Grüne Veltliner kann am Wagram in allen Varianten gekeltert werden, sei es als leichter Kabinett, sei es als Eiswein oder gar als Trockenbeerenauslese. Nicht nur für die Region, sondern auch für Franz Leth ist der Grüne Veltliner mit 50 Prozent die Leitsorte, die er jeweils in drei bis vier verschiedenen Qualitäten anbietet. Die gehaltvollen Veltliner sind bei Leth mit der Bezeichnung „Classic“ und/oder mit der Ried-Bezeichnung versehen.
Franz Leth ist ein Verfechter von zugänglichen Weinen. Das gilt auch für seine Rotweine: „Ich mag keine Tannin-Prügel“. Mit anderen Worten: geringe Gerbsäure wird angestrebt.

Johann und Astrid Wimmer-Czerny
Ob Marktstraße 37
3481 Fels am Wagram
Telefon: 02738/22 48
In den letzten Jahren beweist der junge Hans Czerny, daß er zu den Aufsteigern in der österreichischen Szene zählt. Auf über 11 Hektar dominiert der Grüne Veltliner neben Riesling, Malvasier und Traminer. Nicht uninteressant ist der Rote Veltliner.

Information und Tips

Gemeindeamt Fels am Wagram
Wiener Straße 15
3481 Fels am Wagram
Telefon: 02738/23 81-0

Tourismusverband Tullner Donauraum
Minoritenplatz 2
3430 Tulln
Telefon: 02272/6 58 36 od. 6 58 37
Fax: 02272/6 58 38

Niederösterreich-Information
Fischhof 3
1010 Wien
Telefon: 01/5 36 10-62 00
Fax: 01/5 36 10-60 60

Alter Erdkeller

Gösing - Großriedenthal - Oberstockstall - Kirchberg

Im Bereich um den Wagram im nördlichen Teil des Tullner Bezirkes hat der Weinbau eine beinahe 2000jährige Tradition - urkundlich erstmals erwähnt im Jahre 1273. Eiszeitliche Anwehungen aus dem Hochwasserschlamm der Urdonau haben auf einem Sandsteinsockel die heutige, mächtige Lößschicht gebildet. Dieser feuchtigkeithaltende Boden ist auch in langen Trockenperioden ein ideales Wasserreservoir für die tief wurzelnden Rebstöcke.
Nahezu unberührt vom Fremdenverkehr ist die Natur rund um die Weinbaugemeinde Gösing am oberen Wagram, von wo aus man auch die Donau erblicken kann. Sie erleben hier Natur im reinsten Sinne des Wortes. Unberührt, wenige Ansiedlungen und überwiegend eine gemischte Landwirtschaft. Der Wanderer, der Radfahrer ist quasi mit sich und der Natur allein im Zwiegespräch. Die Landschaft zählt vor allem im Frühjahr und im Herbst zu den schönsten österreichischen Weinbauregionen.
Gösing liegt nördlich von Fels am Wagram und ist über eine wenig befahrene Nebenstraße leicht erreichbar. Auf dem Weg nach Gösing befindet sich nach ca. 1,5 km, gleich hinter einigen Kellern, in nordwestlicher Richtung die Ried Gmirk. Der größte Teil dieser Ried liegt in der Gemeinde Gösing, der andere in Feuersbrunn. Riesling, Müller-Thurgau und Zweigelt sind ausgepflanzt.
Direkt an die Gmirk grenzt Richtung Norden, kurz vor einem Kreuz am Straßenrand, die Ried Fumberg. Der obere Bereich der Ried, mit steilen Bodenterrassen auf Löß, ist der beste Teil für den Weinbau. Die Lage ist mit Grünem Veltliner, Welschriesling, Riesling und Rotem Veltliner bestockt.
Unmittelbar an die Ried Fumberg Richtung Gösing schließt sich die Ried Welfel an, die mit Rotem Veltliner und Grünem Veltliner bestockt ist.

Nordöstlich von Gösing liegt die Ried Gsang, leicht erreichbar über einen Feldweg. Ein steiler Südhang mit bis zu 24 Prozent Neigung und Lößböden kennzeichnen die Ried. Der Rote und Grüne Veltliner erbringen gute Qualitäten.
Großriedenthal erreicht man von Gösing aus über Hohenwarth, dieser Ort gehört aber bereits zum Weinbaugebiet Weinviertel. 5 km nach Gösing biegt man Richtung Ziersdorf/Hohenwarth nach Nordosten ab. In Hohenwarth erfolgt dann die Abzweigung nach Großriedenthal. Der Name Großriedenthal leitet sich von der Kultivierung der Landschaft her: Riedenthal bedeutete einst eine gerodete Stelle im Tal. Der Ort wurde im Jahr 1110 als „Rietentale“, 1652 als „Riedenthall“ erwähnt. Auf dem nördlich von Großriedenthal gelegenen Auberg markiert noch heute eine unter Naturschutz ste-

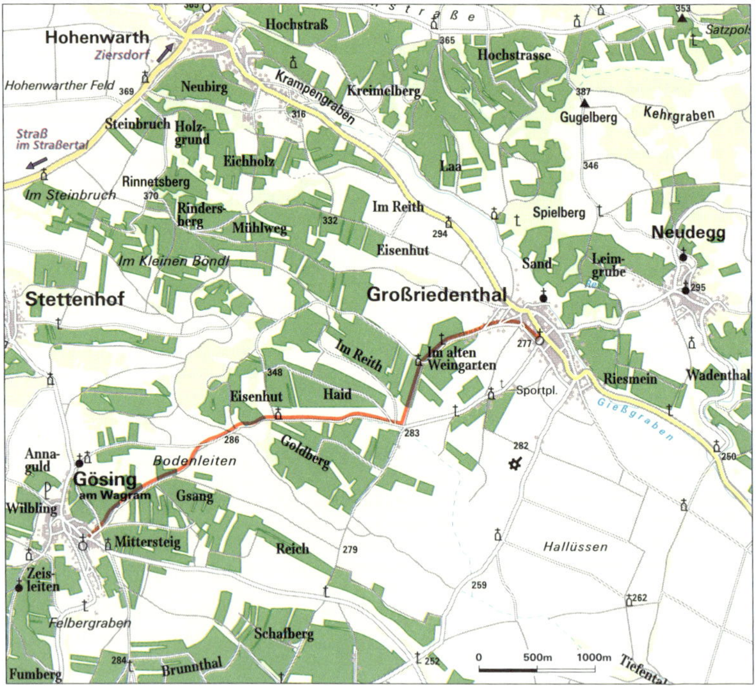

hende Konglomeratbank den einstigen Strand des tertiären Meeres. Im nahen Neudegg stehen Lößprofile - „Neun Mauna“ genannt - unter Naturschutz. Es sind neun bis zu 25 m hohe Lößsäulen, entstanden während der Eiszeiten aus Lößwänden, die durch Zwischengerinne nach Regengüssen so unterteilt wurden, daß sie zerklüftet einzeln herausragen. Im Jahr 1903 wurden hier auch Erdställe gefunden, die nur mit Leitern erreichbar sind.

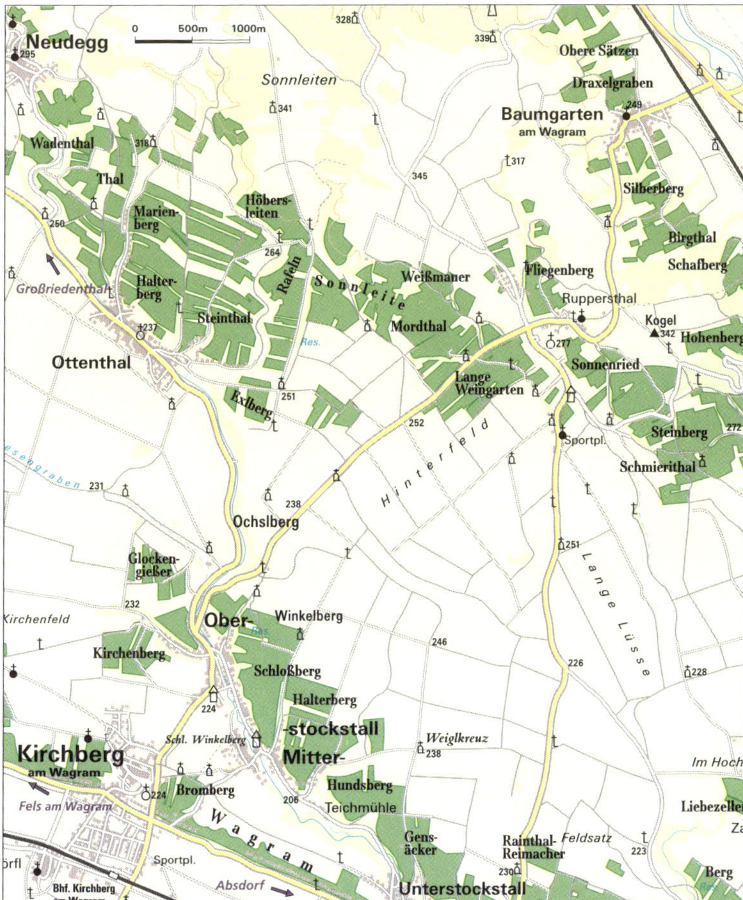

Wer unsere kleine Rundreise über Großriedenthal nach Oberstockstall nicht mit seinem fahrbaren Untersatz mitmachen will, kann von Gösing aus Großriedenthal entlang der Ried Gsang und über den Goldberg auch zu Fuß erreichen.
Von Großriedenthal führt die Straße über Ottenthal nach dem 6 km entfernten Oberstockstall. Im Gut Oberstockstall (s. u. Unterkunft und Essen S. 155) in Kirchberg am Wagram wurden Ende des letzten Jahrhunderts Pfropfversuche mit amerikanischen Unterlagsreben, die reblausimmun sind, erfolgreich durchgeführt. Im Herbst gibt es oft Fröste, daher ist diese Region auch bekannt für ihre zum Teil ausgezeichneten Eisweine. Die Trauben gefrieren an den Rebstöcken bei ca. 8 Grad minus, und wenn sie im gefrorenen Zustand leicht gepreßt werden, kommt ein sirupartiger Saft heraus, der zu den feinsten Prädikatsweinen zählt. Österreichische Spätlese-Weine sind nicht immer süß, da der vorhandene Zucker in Alkohol

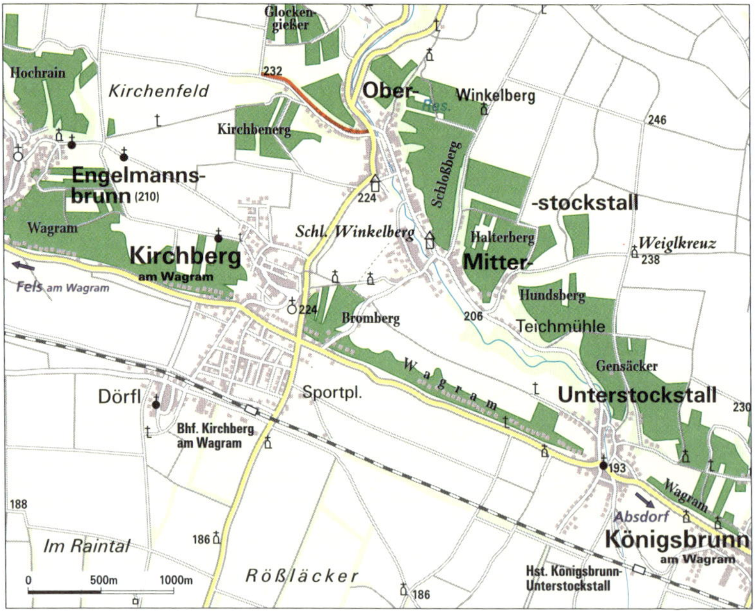

(ca. um die 13 Vol. %) umgewandelt wurde. In weniger guten Jahren, wenn die Trauben nicht genug Sonne hatten, garantiert auch die späte Lese keine besondere Süße.
Die sehenswerte Kellergasse in Oberstockstall wurde auf beiden Seiten eines kleinen Grabens mit heute noch gut erhaltenen Kellergebäuden errichtet. Ein Weinbaumuseum und Buschenschenken laden zu einem Besuch ein. Im September findet das „Maiergrabenfest" statt. Diese Kellergasse liegt etwa 400 Meter vom Ortszentrum Richtung Gösing. Heute sind etwa 400 Hektar Weingärten auf südseitigen Terrassen des Wagram zu 75 Prozent mit Weißweinsorten bepflanzt. Temperaturschwankungen zwischen Tag und Nacht begünstigen säurebetonte und fruchtige Weine.

Winzer und Heurige

Karl Fritsch - Weinberghof
Oberstockstall 24
3470 Kirchberg am Wagram
Telefon: 02279/50 37 oder 2 74 03
Karl Fritsch senior ist sich schon seit vielen Jahren bewußt, daß Qualität im Weingarten entsteht. Seit Anfang der siebziger Jahre kümmert er sich um eine sorgfältige Laubarbeit und dünnt die Trauben aus. Die Kellerarbeit hat mittlerweile Sohn Karl übernommen. Auf mehr als einem Drittel der knapp 7 Hektar Rebfläche steht Grüner Veltliner, für den sehr reifes Traubenmaterial - im Spät- und Auslesebereich - angestrebt und der nach Lagen getrennt ausgebaut wird. Kräftige Weine erbringt auch der Weißburgunder; Riesling wird ebenfalls mit möglichst hohen Gradationen gelesen. In einem Drittel der Weingärten stehen blaue Sorten, darunter Blauer Burgunder, Merlot und Cabernet Sauvignon.

Karl Mehofer & Sohn - Weingut Neudeggerhof
3471 Neudegg 14
Telefon: 02279/72 47-0
Fax: 02279/72 47-4
Der Weinbaubetrieb von Karl Mehofer befindet sich im kleinen Weinort Neudegg, der über Großriedenthal erreichbar ist. Seit dem Jahr 1709 wird am Neudeggerhof Weinbau be-

trieben. Angeboten werden gebietstypische Weine, u. a. aus den Sorten Welschriesling, Grüner Veltliner, Riesling, Chardonnay und rote Cuvées. Besonders empfehlenswert sind die Eisweine. Als Mitglied des Bioverbandes „ERNTE für das Leben" bewirtschaftet die Familie Mehofer nicht nur ihre 14 Hektar Weingärten nach biologischen Richtlinien, sondern die gesamte Ackerfläche. Nach Voranmeldung werden Weingutbesichtigungen, Rundgänge durch die Weingärten und Weinverkostungen, auch mit Jause, angeboten.

Karl und Helga Schuster

Hauptstraße 61
3471 Großriedenthal
Telefon u. Fax: 02279/72 03

Mit einem Marienkäfer auf den Etiketten zeigen die Schusters, daß sie ihre Weine möglichst umweltgerecht und naturnah erzeugen. Dies gilt für die Pflege der Weingärten sowie für die schonende Behandlung der Weine im Keller. Bei den Rebsorten überwiegen die weißen: unter anderem sind Grüner Veltliner, Roter Veltliner, Chardonnay, Riesling und Sauvignon blanc ausgepflanzt. Nach der Vergärung in Edelstahltanks werden die kräftigeren Weine in großen Holzfässern ausgebaut, vom Chardonnay gibt es eine Barrique-Variante. Eine Spezialität des Weinguts sind die Eisweine, üblicherweise weiß, 1993 jedoch wurde auch einer aus Zweigelttrauben vinifiziert.

Toni Söllner - „Litana"

Berggasse 1
3482 Gösing am Wagram
Telefon u. Fax: 02738/32 01

In den letzten Jahren konnten nur wenige Newcomer durch gute Wein-Qualitäten auf sich aufmerksam machen. Toni Söllner bearbeitet ungefähr 4 Hektar Weingärten eigenständig nach ökologischen Grundsätzen, weitere 4 Hektar werden noch vom Vater bewirtschaftet. Eine Lieblingssorte von Toni Söllner ist der Rote Veltliner, der selbst selektioniert wird; weiters werden aus Riesling, Grünem Veltliner - zum Teil aus einer alten Anlage mit kleinbeerigen Trauben -, Grünem Sylvaner und Weißburgunder zwar kräftige, aber zugleich elegante und fruchtige Weine vinifiziert. Die hohen Prädikatsweine fallen noch etwas breit aus, aber hier denkt der junge Weinbauer bereits an neue Ausbaumethoden, zum Beispiel an die Verwendung von Barriques. Außerdem destilliert er sehr gute

Brände (u. a. Quitte, Alter Apfel, Kirsche), stellt Fruchtansätze und Liköre her.

Unterkunft und Essen

Restaurant Gut Oberstockstall
Oberstockstall 1
3740 Kirchberg am Wagram
Telefon: 02279/23 35-0
Ein Gutshof mit einer Kapelle aus dem 14. Jahrhundert und eigener Landwirtschaft, hausgemachten Weinen, Bränden und feiner Küche. Schöne Terrasse.

Pension Alter Winzerkeller
Ernst Vogel
Am Roßplatz
3470 Kirchberg am Wagram
Telefon: 02279/50 21
Neun moderne, gemütliche Zimmer. Im sehenswerten Kellergewölbe kann man Weine der Wagramer Selektion verkosten und kaufen.

Grafenwörth - Feuersbrunner Kellergassen

Die Marktgemeinde Grafenwörth mit ihren Katastralgemeinden Feuersbrunn, Grafenwörth, Jettsdorf, St. Johann, Seebarn und Wagram verfügt über eine Vielzahl von Radwegen. Der Kamptal-Radweg ist mit dem Wagram- und Weinviertel-Radweg sowie dem Donau-Radweg-Nord über ein eigenes Radwegenetz der Gemeinde verbunden. Grafenwörth liegt nur knapp 15 Kilometer östlich von Krems entfernt und ist bequem über die Bundesstraße 3, die nicht für Radfahrer erlaubt ist, zu erreichen. Bahnreisende können die Franz-Josef-Bahn von Wien aus benützen, Haltestelle ist Wagram-Grafenegg.

In Grafenwörth wurde auch der Barockmaler Martin Johann Schmidt geboren, bekannt als „Kremser Schmidt“. Eine kleine Gedenktafel am Haus Markt 15 erinnert an den 1718 geborenen Maler. Martin Johann Schmidt ist ein Begriff; er setzte entscheidende Impulse zur Entwicklung und Bedeutung des Ölgemäldes. Bilder von ihm finden sich auch in den Pfarrkirchen Grafenwörth und Feuersbrunn.

Feuersbrunn liegt 4 km nördlich von Grafenwörth an der B 34 und ist wegen seiner schönen Kellergassen sehenswert. Qualitätsmäßig interessante Rieden befinden sich in Feuersbrunn an beiden Seiten der langen, idyllischen Haupt-Kellergasse nördlich der B 34. Die größte und schönste Kellergasse beginnt nach einer Kirschbaumallee gleich neben dem Hauptplatz. Am Beginn der Kellergasse befindet sich auch das kleinste Weinbaumuseum Österreichs - das „Weingartstöckl“, schließlich war der Erfinder der ersten Rebschere der Feuersbrunner Franz Zelenka. Rechts und links dieser Kellergasse führen asphaltierte Wege in mehrere kleine Kellergassen.
Zwischen den Rieden Laner und Nußberg liegt die Lage Brenner in südlicher Ausrichtung, mit schottrigen Böden sowie gelbem Lehm und Löß gemischt. Grüner Veltliner, Neuburger, Weißburgunder

und Zweigelt sind hier ausgepflanzt. Eine der besten Rieden in Feuersbrunn ist der Nußberg mit tiefgründigem Löß und Lehmanteilen

in südlicher Ausrichtung. Grüner Veltliner und Frühroter Veltliner werden hier kultiviert.
Jährlich finden das „Zelenka"-Fest und andere in der Kellergasse statt. Jedes Wochenende ist „Tag der offenen Kellertür", und mehrere Buschenschenken laden ein. Genauere Öffnungszeiten bietet ein alljährlich erscheinender Heurigenführer.

Information und Tips

Kulturmanagement Schloß Grafenegg
Grafenegg 10
3485 Haitzendorf
Telefon: 02735/22 05-14
Zahlreiche Kulturveranstaltungen, vor allem Konzerte, Lesungen und Ausstellungen.

Gemeindeamt Feuersbrunn
Große Zeile 5
3483 Feuersbrunn
Telefon: 02738/22 14

Bodenterrasse im Donauland

Unterkunft und Essen

Gasthof Zur Traube - Mörwald GmbH
Kleine Zeile 13-17
3483 Feuersbrunn
Telefon: 02738/22 98-0
Einfaches Landgasthaus mit rustikaler Wirtshausstube, Terrasse und Gourmetstube „Toni M.". Vis-à-vis befindet sich das neue Hotel mit 10 Zimmern. Außerdem leitet Toni Mörwald die Taverne Schloß Grafenegg.

Taverne Schloß Grafenegg - Mörwald GmbH
Grafenegg 12
3485 Haitzendorf
Telefon: 02735/26 16
Übernachtungsmöglichkeit; Terrasse und schöne Stuben.

Klosterneuburg

Dort, wo sich die Donau in einem weiten Bogen nach Südosten wendet, wo sich die Berge des Wienerwaldes über leicht abfallende Hänge zum Tal des Flusses neigen, liegt am rechten, südlichen Donauufer Klosterneuburg. Das Chorherrenstift, auf einer Anhöhe erbaut, grüßt mit seinen beiden Türmen schon von weitem die Besucher der Stadt. Mit rund 32.000 Einwohnern ist Klosterneuburg die drittgrößte Stadt Niederösterreichs. Als eine der landschaftlich schönsten und reizvollsten Wienerwaldgemeinden, eingebettet zwischen Donauauen, Kahlenberg und Leopoldsberg, liegt Klosterneuburg am Rande des Wienerwaldes. Zur Gemeinde Klosterneuburg gehören die Orte Weidling, Weidlingbach, Kierling, Maria Gugging, Kritzendorf und Höflein. Der Hauptwirtschaftszweig war und ist der Weinbau. - Sogar Kunstwerke wurden vom Wein gerettet. Im Jahr 1330 brach im Stift Klosterneuburg ein Brand aus, der einen Großteil der Gebäude sowie die Kirche stark beschädigte. Besonders gefährdet waren die Gold-Emailtafeln des Verduner Altars. Sie drohten wegen der Hitze zu schmelzen. Um die Tafeln zu retten, wurden sie mit Wein übergossen. Die Rettung gelang.

Die geschichtlichen Wurzeln Klosterneuburgs reichen weit zurück. Bereits in der Altsteinzeit boten sich die hügeligen Anhöhen des Gemeindegebietes als ideale Siedlungsplätze an. Im römischen Weltreich nahm Klosterneuburg eine bedeutende Position als westlichstes Hilfskastell der Provinz Pannonien ein. Klosterneuburg wurde von seinen römischen Bewohnern „Asturis" genannt.

Im Mittelalter verlegte Leopold III. die babenbergische Residenz von Wien nach Klosterneuburg und setzte damit den Beginn einer bedeutenden historischen Epoche für die Stadt. Leopold III. (gestorben 1136) war es auch, der den Grundstein für den Bau des mächtigen Chorherrenstiftes legte.

Neben kulturellen Aspekten bietet Klosterneuburg aber auch mehr

als 150 Kilometer markierte Wanderwege und 40 Kilometer markierte Radwanderwege, den Naturpark Eichenhain und das Sportzentrum Happyland sowie ein Strand- und ein Strombad in den romantischen Donauauen. Der internationale Donauradwanderweg führt ebenfalls durch die Babenbergerstadt. In Klosterneuburg befindet sich auch die Höhere Bundeslehr- und Versuchsanstalt für Wein- und Obstbau, 1860 gegründet und damit eine der ältesten in Europa.
Etwa 170 Hektar Rebfläche, die zu 75 Prozent mit weißen Sorten bepflanzt sind, stehen in Klosterneuburg im Ertrag. Der Anteil an

Blick auf das Stift

Gemischtem Satz ist nach wie vor hoch; ein guter Teil der Weine wird bei den Heurigen ausgeschenkt.
Die Stadt Klosterneuburg entwickelte sich in den letzten Jahren zur Kulturmetropole der Neuzeit. Eine Besichtigung wert ist das im letzten Jahr neu eröffnete Stadtmuseum, das mit seiner Dokumentation „Von der Herren Hof von Passau", modern aufbereitet, einen Geschichtsbogen vom römischen Lagerdorf zum mittelalterlichen Lesehof spannt. Weiters erwähnenswert das Grabungsmuseum unter der Pfarrkirche St. Martin, das ebenfalls die Geschichte von der Spätantike bis ins Mittelalter beleuchtet. Mit der Sammlung Essl beheimatet Klosterneuburg überdies auch die größte Sammlung moderner Kunst in Österreich.
Klosterneuburg ist am besten von Wien aus mit verschiedenen Nahverkehrsmitteln oder dem eigenen Fahrzeug erreichbar.
Weine von Klosterneuburgs bester Ried, der Franzhauser, wurden schon an den k. k. Hof nach Wien geliefert. Die Lage ist ein Steilhang

am Südostabfall des Buchbergs mit Verwitterungs-, Kalksand- und Lößböden und ausschließlich mit Riesling bestockt. Am besten, Sie fahren, von Wien kommend, von der Wiener Straße links Richtung Höhenstraße in die Ortschaft Weidling. Hier befinden sich die qualitativ hochwertigsten und sehenswerten Rieden. Die erste in nordwestlicher Richtung gelegene ist die Franzhauser.
Wenn Sie die Wiener Höhenstraße benutzen, haben Sie von dieser den schönsten Blick auf das Stift und die Weinlagen.

Winzer und Heurige

Stift Klosterneuburg
Stiftsplatz 1
3400 Klosterneuburg
Vermittlung: 02243/4 11-0

Neue Vinothek
Rathausplatz 24
3400 Klosterneuburg
Telefon: 02243/4 11-5 48
Zumindest seit 2000 Jahren ist der Wein eines der bestimmenden Elemente des Klosterneuburger Lebens. Verantwortlich war und ist das Chorherrenstift. Zur Einweihung der Stiftskirche unter Markgraf Leopold im Jahre 1136 wurde bereits Wein aus dem Stiftsweingut ausgeschenkt. Die ausgedehnten Weingärten des Stiftes wurden durch Pächter bewirtschaftet. Der stets volle Weinkeller des Stiftes brachte bereits im 13. Jahrhundert den Beinamen „Zum rinnenden Zapfen", und 1704 wurde zur Lagerung des abgelieferten Weines das kunstvolle „Tausend-Eimer-Faß" gebaut, das 56.000 Liter faßt. 1809 wurde das große Holzfaß von den Truppen Napoleons zum letzten Mal geleert - seitdem wird es nicht mehr gefüllt. Heute findet zu Leopoldi, dem Feiertag zu Ehren des niederösterreichischen Landespatrons am 15. November, der Volksbrauch des Fasslrutschens statt.
Nach 1945 wurden die Stiftsbetriebe rasch neu aufgebaut, und die Chorherren sind heute mit über 103 Hektar Weingärten die größten Weingutbesitzer Österreichs.
In drei Weinanbaugebieten befinden sich die Rieden des Stiftes:
- Das Weingut Klosterneuburg (Donauland) mit 30 Hektar und den

Rieden Franzhauser, Steinriegel, Wiegen, Hengsberg, Ziegelgrub.
- Das Weingut Kahlenberger Dorf (Wien) mit 31 Hektar und den Rieden Altweingarten, Kuchelviertel.
- Das Weingut Gumpoldskirchen mit fünf Hektar und das Weingut Tattendorf (Thermenregion) mit 37 Hektar in der Ried Stiftsbreite.
In den Wiener und Klosterneuburger Weingärten der Chorherren stehen unter anderem Riesling, Grüner Veltliner, Weißburgunder, Chardonnay und Gewürztraminer, in Gumpoldskirchen sind die traditionellen Sorten der Region, Rotgipfler, Zierfandler und Neuburger, ausgepflanzt, in Tattendorf vor allem St. Laurent, aber auch verschiedene andere blaue Sorten. Ausstich (St. Laurent) ist eine alte klösterliche Bezeichnung, die nur für ausgesuchte Weine verwendet wird - der St. Laurent Barrique 1997 wurde im Salon österreichischer Weine 1999 ausgezeichnet. Verschiedene feine Sekte ergänzen das Angebot. Zwischen 1994 und 1998 wurden die Preßanlagen und die Kellertechnik des Stiftes komplett modernisiert. Ebenso das „Outfit" der Flaschen und deren Vermarktung sowie der Neubau der Vinothek. Wein & Kultur haben im Stift Klosterneuburg eine jahrhundertelange Tradition. In diese reiht sich die überaus gelungene Rotwein-Cuvée „Chorus" aus den Sorten Cabernet Sauvignon, St. Laurent, Zweigelt und Pinot noir ein und rückt mit ihr die Harmonie des Betriebes, zusammen mit der Gemeinsamkeit der Rebsorten, in den Mittelpunkt vinologischer Trinkfreude.

Rudolf Zimmermann
Agnesstraße 46b
3400 Klosterneuburg
Telefon: 02243/3 22 57
Im stimmungsvollen Ambiente eines Winzerhauses aus dem 15. Jahrhundert wird bodenständige Küche geboten. Besonders empfehlenswert sind die Sekte aus eigener Produktion.

Unterkunft und Essen

Stadtbeisl
Hofkirchner-Gasse 15
3400 Klosterneuburg
Telefon: 02243/3 24 54
Gutbürgerliches Gasthaus mit einem sehr guten Preis-Leistungs-Verhältnis.
Geöffnet: Di. - Sa. 11-14, 18 -22 Uhr; So. 11 - 14 Uhr.

Rotwein vom Stift wie der Klang einer Orgel

Restaurant
Stiftskeller Klosterneuburg
Albrechtsbergergasse 1
3400 Klosterneuburg
Telefon: 02243/4 11-6 01
Fax: 02243/4 11-6 02
Eine unkomplizierte Küche wird hier geboten; für größere Gesellschaften sehr gut geeignet. Schöner Gastgarten.

Information und Tips

Stadtmuseum
Stadtgemeinde Klosterneuburg
Rathausplatz 1
3400 Klosterneuburg
Telefon: 02243/4 44-2 99
Bei der Errichtung des Stadtmuseums stieß das Bundesdenkmalamt auf Grundmauern eines mittelalterlichen Lesehofes, bestehend aus einem Repräsentationsgebäude mit Kapelle und einem Preßhaus mit Keller. In der Kapelle fanden die Archäologen einen kompletten Fußboden mit tausendzweihundert glasierten und ornamentierten Fliesen aus der ersten Hälfte des 14. Jahrhunderts.

Höhere Bundeslehranstalt und Bundesamt für Wein- und Obstbau
Wiener Straße 74
3400 Klosterneuburg
Telefon: 02243/3 79 10-0
oder 3 21 59-0
Fax: 02243/2 67 05
1860 gegründet. August Wilhelm Freiherr von Babo, der erste Leiter der Schule, entwickelte die Kloster-

neuburger Mostwaage, nach der noch heute in Österreich die Zuckergradation der Trauben gemessen wird. Dr. Friedrich Zweigelt züchtete hier unter anderem die nach ihm benannte Rebsorte Blauer Zweigelt.

Tourismusverein Klosterneuburg
Bahnhof, Niederer Markt
3400 Klosterneuburg
Telefon: 02243/3 43 96

Tourismusverband Tullner Donauraum
Minoritenplatz 2
3430 Tulln
Telefon: 02272/6 58 36 oder 6 58 37
Fax: 02272/6 58 38

Niederösterreich-Information
Fischhof 3/3
1010 Wien
Telefon: 01/5 36 10-62 00
Fax: 01/5 36 10-60 60

Museum für zeitgenössische Kunst - Sammlung Essl
An der Donau-Au 1
3400 Klosterneuburg
Telefon: 02243/3 70 50

Radwandern

Bahnhof Tulln
Bahnhofstraße 69
3430 Tulln
Telefon: 02272/6 24 38-3 85

Typisch österreichische Ausdrücke

Abschmalzen: in Butter oder Schmalz schwenken
Achte(r)l: 0,125 Liter Wein; im Stehen zu sich genommen heißt es „Steh-Achte(r)l", wenn man gehen will und sich doch noch nicht losreißen kann „Flucht-Achte(r)l"
Almdudler: Kräuterlimonade
Aspik: Gelee, Sulz
Auf(s) Eis stellen: kalt stellen
Auswalken: Teig ausrollen
Backerbsen: Mehlerbsen, Teigtropfen, in Fett gebacken (als Suppeneinlage)
Backhendl, Backhuhn: geteiltes und paniertes junges Huhn, in heißem Fett gebacken; klassisch mit Haut
Banderole: jede Flasche (mit Ausnahme von Tafel- und Landwein nach der Weingesetznovelle von 1995) muß mit einer streifen- oder kreisförmigen Banderole versehen sein; diese dient der Mengenregistrierung
Bauernschmaus: Schweinebraten, Geselchtes, Wiener Würstel (Würstchen), Knödel und Sauerkraut, gemeinsam serviert
Beinfleisch: Zwerchried, Rippenfleisch; Suppenfleisch vom Rind
Beiried: Roastbeefstück; Entrecôte (niedere Beiried), Rostbraten (hohe Beiried)
Beuschel: Lunge („Beuschelreißen" haben heißt Husten haben)
Biskotte: Löffelbiskuit
Blaukraut: Rotkohl
Blunzn: Blutwurst
Bouteille: 0,75 Liter-Flasche
Brathendl: Brathuhn
Brettljause: Speck (hausgemacht), Trockenwürste, kalter Braten, Käse und verschiedene Aufstriche; individuell zusammengestellt
Brösel (Semmelbrösel): Paniermehl (geriebene Semmeln, Weißbrot); auch aus süßen Massen (Kuchen- oder Biskuitbrösel)
Bruckfleisch: das auf der Schlachtbrücke („Bruck'n") frisch ausgestochene Kleinfleisch (u. a. Bries, Herz, Leber, Milz)

Buschen: zeigt an, daß hier nur Wein aus dem Eigenbau angeboten wird; in der Wachau eine aus Stroh geflochtene Sonne, um Poysdorf (Weinviertel) Hobelscharten
Buschenschank: hier werden Eigenbauweine ausgeschenkt
Butterschnitzel (Faschiertes): Frikadellen (Buletten) aus Kalbfleisch, in Butter gebraten
Deka: österreichische Kurzform für Dekagramm; 10 Gramm
Dille: Dill
Doppler: Zweiliterflasche (für Wein) - „Austro-Magnum"
Dotter: Eigelb
Eiernockerln: Spätzle mit Ei
Eierschwammerln: Pfifferlinge
Eierspeise: Rührei
Eiklar: Eiweiß, Klar
Einbrenn: dunkle Mehlschwitze
Eingemachtes: Ragout, Frikassee
Einmach: helle Mehlschwitze
Erdäpfel: Kartoffeln
Faschiertes: durch den Fleischwolf gedrehtes Fleisch; auch Schinken, Fisch usw. können faschiert werden
Filet: Lungenbraten (in Deutschland „Lendenstück") von Rind, Schwein, Wild; Fischfilets sind die entgräteten Seitenstücke; Geflügelfilet ist das Bruststück
Fisolen: grüne Gartenbohnen
Fleischhauer, Fleischhacker: Metzger
Fleischlaberl, -laibchen: Frikadelle, Bulette, Klops
Fogosch, Fogos: Zander
Frittaten: nudelig geschnittener, dünner Pfannkuchen als Suppeneinlage
Fruchtsalat: Obstsalat
Gefrorenes: Speiseeis
Gelbe Rübe: ähnlich der Karotte (Möhre), aber gelb
Gemischter Satz (G'mischter): Wein aus verschiedenen Rebsorten, die zusammen in einem Weingarten stehen und gemeinsam gelesen und verarbeitet werden

Germ: Hefe
Geselchtes: Geräuchertes
Gleich'preßter: Weiß- oder Roséwein aus blauen Trauben
Grammeln: Grieben
Greißler: Gemischtwarenhändler, Krämer
Großheuriger: gemeinsames Ausstecken der Winzer eines Ortes an einem bestimmten Platz (Straße, Festplatz ...)
Grüner Salat: Kopfsalat
G'spritzter: ein Achtel Wein, aufgespritzt mit einem Achtel Sodawasser oder Mineralwasser
Häuptlsalat: grüner Salat, Kopfsalat
Hagelzucker: grobgestoßener Zucker (zum Bestreuen von Brioches etc.)
Hauer: Winzer, Weinhauer; abgeleitet von der „Haue"
Haxeln, Haxl, Haxerl: Beine (Hühner-, Kalbs-)
Heidelbeere: Blaubeere
Hend(e)l: junges Huhn
Herrenpilz, Steinpilz: der Begriff „Herren" stammt wohl daher, daß früher Pilze als Zehent an den Landesherrn abgeliefert werden mußten
Heurige: Frühkartoffeln
Heuriger: Buschenschank; der neue Wein im Gegensatz zum Altwein; wird ab 11. November (Martinitag) ausgeschenkt
Hiatabam: Zeichen, daß ein Weinhüter die reifenden Trauben vor Dieben bewacht
Holler: Holunder
Jause: Brotzeit, Vesper, kleine Mahlzeit zwischendurch
Kaiserschmarrn: dicker Pfannkuchen mit Eischnee und Rosinen, während der Backzeit zerrissen und gelockert, mit Puderzucker bestreut und mit Zwetschgenröster (Pflaumen) serviert
Kaisersemmel: handgeformtes, rundes Weißgebäck (Brötchen), oben mit fünf bogenförmigen Einschnitten
Karfiol: Blumenkohl
Karotte: Möhre
Kas: Käse
Kellergasse, Kellerviertel: meist am Ortsrand gelegene Ansammlung von

Weinkellern und Preßhäusern; die schönsten befinden sich im Weinviertel und im Südburgenland

Kellergassenfest: Fest in einer Kellergasse mit „offenen Kellertüren", Weinkost, Umzug ...

Kipfel, Kipferl: mondsichelförmiges Kleingebäck; Hörnchen

Kirtag: Kirchweihfest; Fest am Namenstag des Kirchenpatrons

Klosterneuburger Mostwaage (KMW): Senkspindel zur Messung des Zuckergehalts im Most, der auf einer Skala in Prozent angezeigt wird; 1 Grad KMW = 4,86 Öchsle

Kochsalat: Lattich

Kohl: Wirsing

Kohlsprosse: Rosenkohl

Kracherl: Zitronenlimonade

Kraut: Weißkohl

Kren: Meerrettich

Krügel: großes Bier; 0,5 Liter

Kukuruz: Mais

Liptauer: Topfenkäse (Quark) mit Gewürzen (als Brotaufstrich); original mit Brimsen

Lungenbraten: Filet

Marillen: Aprikosen

Maroni: (geröstete) Edelkastanien

Martini: Fest des Hl. Martin am 11. November; Stichtag für den Heurigen

Mehlspeise: Süßspeise (mit Mehl zubereitet)

Melanzani: Auberginen

Nockerln, Nocken: Klößchen

Obers: süße Sahne

Obi: Apfelsaft

Palatschinke: Pfannkuchen

Paradeiser: Tomate

Pfiff: Altwiener Achtelmaß einer Flüssigkeit („1 Pfiff Bier")

Pischinger: Waffeln mit verschiedenen Füllungen; typische Heurigenknabberei in Wien

Porree: Lauch

Powidl: Pflaumenmus
Rein: Kasserolle, flaches, rundes Kochgefäß; ein kleines Kochgefäß heißt „Reindl"
resch: knusprig
resch: Geschmacksausdruck für säurebetonte, trockene, frische und rassige Weine
Ribisel: Johannisbeeren
Ried: kleinste geographische Einheit einer Weinbergslage
Ringlotten: Mirabellen, Reineclauden
Risi Pisi: Reis mit grünen Erbsen
Röster: ohne Wasser gedünstetes Obst (Zwetschgen, Marillen, Holunder)
Rotkraut: Rotkohl
Sackerl: Tüte (Einkaufstasche)
Salzstangerl: längliches Weißgebäck, mit Salz und Kümmel bestreut
Sauerrahm: saure Sahne; in Österreich üblicherweise mit 15% Fettgehalt
Schanigarten: Platz vor einem Wirts- bzw. Gasthaus, wo die Sitzplätze durch Efeuwände, in Blumenkästen gezogen, geschützt sind
Scherzl: der Anschnitt oder das letzte Stück eines Brotlaibes; auch ein Fleischteil des Rindes
Schlagobers: Schlagsahne
Schmankerl: Leckerbissen
Schmarr(e)n: warme Mehlspeise aus Mehl, Eiern; auch aus Grieß, Kipferln, Semmeln sowie aus Erdäpfeln (salzig)
Schöpsernes: Hammelfleisch
Schwammerl, Schwamm: Pilz
Schwarzbeere: Heidelbeere
Seidel: kleines Bier; 0,3 Liter
Selchfleisch: Räucherfleisch
Semmel: Weißbrötchen
Semmelbrösel: Paniermehl
Semmelwürfel: kleingewürfelte Semmel, für Semmelknödel
Spezi: besonderer = spezieller Wein beim Heurigen, meist reinsortig
Spritzer: ein Achtel Wein, aufgespritzt mit einem Achtel Sodawasser oder Mineralwasser

Stamperl: einfacher (kleines) oder doppelter (großes Stamperl) Schnaps
Stanitzel: spitze Tüte aus Teig oder Papier
Staubiger: noch nicht klarer, junger Wein
Staubzucker: feinster Puderzucker
Stelze: Eisbein
Stifterl: Weinflasche mit 0,375 Liter Inhalt (meistens für hohe Prädikatsweine; bei trockenen Weinen manchmal auch für Flaschen mit 0,25 Liter)
Surfleisch: Pökelfleisch
Stoppel: Kork; wenn ein Wein „stoppelt", hat er Korkgeschmack
Stricherlliste: Zettel, auf dem die Getränkekonsumation vermerkt wird
Sturm (Federweißer): noch gärender Wein
Teebutter: Bezeichnung für Markenbutter; wird zur Herstellung von Teegebäck verwendet. Im letzten Jahrhundert unterschied man weiters die Gütestufen „Mai- oder Frühlingsbutter", die „Herbst- oder Stoppelbutter", die „Frischmilchbutter" und die „Stroh-, Stall- und Altmilchbutter"
Tellerfleisch: gekochtes Rind- oder Schweinefleisch in der Suppe serviert
Topfen: Quark
Vanillerostbraten: Rostbraten mit Knoblauch eingerieben; Knoblauch = die Vanille des „kleinen" Mannes
Viertel: 0,25 Liter; übliche Maßeinheit beim Heurigen
Vogerlsalat: Feldsalat
Wachauer Laberl: Brötchen
Weichseln: Sauerkirschen
Weinheber: Gerät, um Wein aus dem Faß zu entnehmen
Weintaufe: Segnung des neuen Weins durch den (Orts-)Pfarrer und Namengebung durch einen - meist prominenten - Paten
Wels: Waller
Wurzelwerk: Karotte, gelbe Rübe, Sellerie, Petersilwurzel
Zeller: Sellerie
Zuckerbäcker: Konditor
Zuckerl: Bonbon
Zwetschgen oder Zwetschken: Pflaumen

Information und Tips

Über Niederösterreich und die einzelnen Weinbaugebiete liegt umfassendes Informationsmaterial vor, das zahlreiche Prospekte zu diversen Veranstaltungen, Hotels, Heurigen, Kulturevents, Radtouren und Wanderwegen beinhaltet.
Anschließend finden Sie zu jedem Weinbaugebiet eine Anlaufstelle, die Ihnen gerne Unterlagen zusendet bzw. telefonische Auskunft erteilt (Vorwahl für Österreich aus der Schweiz und aus Deutschland: 0043, dann ohne Null weiterwählen). Weitere Adressen finden Sie im Anhang an die jeweils beschriebene Region. Viele Daten sind zudem über das Internet abrufbar.

Niederösterreich (und auch die einzelnen Weinbaugebiete)

Niederösterreich-Information
Am Fischhof 3
1010 Wien
Telefon: 01/5 36 10-62 00
Fax: 01/5 36 10-60 60
Internet: http://www.tiscover.com/noe
http://www.noe.co.at
E-mail: tourismus@noe.co.at

Einige der im Buch beschriebenen Winzer haben bereits eine eigene Homepage. Diese finden Sie unter Suchen unter Eingabe von Winzer, Weinhauer oder dem betreffenden Namen sowie über Links der oben angegebenen Internet-Adressen. Auch einzelne Ortschaften sind auf diesem Wege abrufbar.

Über Wein:
http://www.austrian-wines.com
http://www.austria.wine.co.at

Weitere Informationen zum Thema Wein finden Sie unter Eingabe von „Wein Österreich“.
Links gibt es von den oben erwähnten Adressen ebenfalls.
Interessant ist auch die Homepage des Glaserzeugers Riedel:
http://www.riedelcrystal.co.at

Für Kulturinteressierte steht neben den oben erwähnten Adressen im Internet auch
http://www.kulturvernetzung.at
zur Verfügung.

Nachrichten über Niederösterreich mit diversen Hinweisen zu Veranstaltungen, Wetter etc.: *http://www.nol.at*

Wachau

Tourismusverband Wachau-Nibelungengau
Undstraße 6
3500 Krems
Telefon: 02732/8 56 20
Fax: 02732/8 74 71
Internet:
http://www.tiscover.com/wachau
http://www.members.aon.at/pcss/
http://www.krems.gv.at

Kremstal

Tourismusinformation der Stadt Krems
Undstraße 6
3500 Krems
Telefon: 02732/8 26 76
Fax: 02732/7 00 11
Internet:
http://www.tiscover.com
http://www.krems.gv.at

Kamptal

Ursin Haus
Kornplatz 5 / Kamptalstraße 3
3550 Langenlois
Telefon: 02734/20 00-0
Fax: 02734/20 00-15
Internet:
http://www.ursinhaus.at oder
http://www.kamptalnet.at
http://www.tiscover.com/noe

Traisental

Tourismusinformation für die Stadt St. Pölten
Rathausplatz 1
3100 St. Pölten
Telefon: 02742/35 33 54
Fax: 02742/3 33-28 19
Internet:
http://www.st-poelten.gv.at
http://www.tiscover.com/noe

Donauland

Tourismusverband Tullner Donauraum
Minoritenplatz 2
3430 Tulln
Telefon: 02272/6 58 36 oder 6 58 37
Fax: 02272/6 58 38
Internet:
http://www.tourist-net.co.at
http://www.tiscover.com/noe

